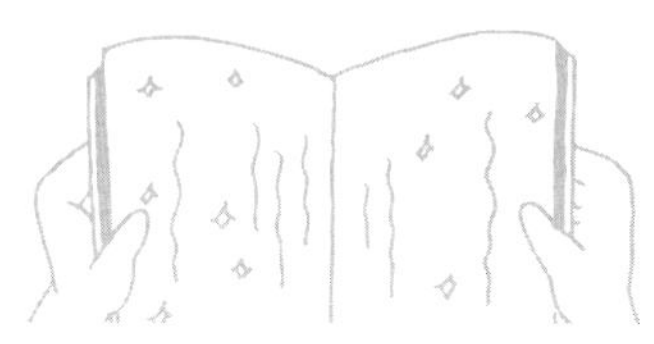

高效学习

成为学习高手的5个方法

[日] 西冈一诚 · 著
徐秋平 · 译

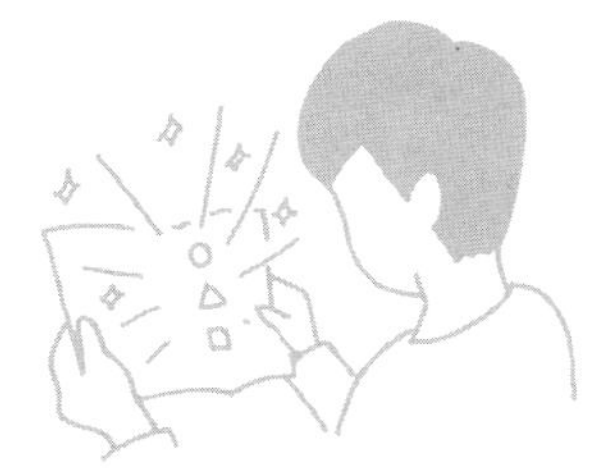

中信出版集团 | 北京

图书在版编目（CIP）数据

高效学习：成为学习高手的 5 个方法 /（日）西冈一诚著；徐秋平译 . -- 北京：中信出版社，2022.3（2024.7重印）
ISBN 978-7-5217-3948-0

Ⅰ . ①高… Ⅱ . ①西… ②徐… Ⅲ . ①学习方法
Ⅳ . ① G791

中国版本图书馆 CIP 数据核字 (2022) 第 017717 号

KANGAERU GIJUTSU TO JIATAMARYOKU GA IKKINI MINITSUKU TODAI SHIKOU **by Issei Nishioka**
Copyright © 2020 Issei Nishioka
Illustrations © Tokuhiro Kano
All rights reserved.
Original Japanese edition published by TOYO KEIZAI INC.

Simplified Chinese translation copyright © 2022 by CITIC Press Corporation
This Simplified Chinese edition published by arrangement with Issei Nishioka c/o
The Appleseed Agency Ltd. and TOYO KEIZAI INC., Tokyo,
through BARDON CHINESE CREATIVE AGENCY LIMITED, Hong Kong.

高效学习——成为学习高手的 5 个方法
著者：　［日］西冈一诚
译者：　徐秋平
出版发行：中信出版集团股份有限公司
（北京市朝阳区东三环北路 27 号嘉铭中心　邮编　100020）
承印者：　北京通州皇家印刷厂

开本：880mm×1230mm　1/32　　印张：7.5　　字数：150 千字
版次：2022 年 3 月第 1 版　　印次：2024 年 7 月第 4 次印刷
京权图字：01–2021–2936　　书号：ISBN 978–7–5217–3948–0
定价：59.00 元

版权所有 · 侵权必究
如有印刷、装订问题，本公司负责调换。
服务热线：400–600–8099
投稿邮箱：author@citicpub.com

「目录」

推荐序

前言

高效学习・理论篇

高效学习·案例篇

推荐序

告别假装努力，像聪明人一样思考

张自豪 《向上》作者，清华大学苏世民学者，

“植物标签”创始人

非常荣幸能为《高效学习：成为学习高手的5个方法》撰写序言。这本书最吸引我的一点是，它回答了一个困惑很多人的问题——聪明人为什么聪明？

在这里我想分享作者西冈一诚的经历，他堪称逆袭典范，曾两次落榜，而最终考入亚洲首屈一指的东京大学。在这个过程中，他从“愚钝”变得“聪明”，进而领悟到“聪明和愚钝都并非天生，思维差异才是本质”。

我也有和作者类似的经历。我来自安徽马鞍山的一个小镇——采石镇。家里最有文化的是我爸，他读到了初中。在这样的环境中成长起来的我，是家里第一个高中生、第一个大学生和第一个清华大学的研究生。除了出身平凡，我也很清楚自己并不“聪明”。从小到大，数学一直是我的弱项，150 分的考卷我考过 40 分，每次遇到稍微不一样的题目，也从来不会触类旁通、举一反三，这一路我是把数学题当作语文题背过来的。

能够取得现在的成绩，与其说是我做对了什么，不如说我避开了两个误区，而恰巧我的感知与作者西冈一诚不谋而合。

误区一：聪明人都是天生的

承认自己没有那么聪明是变得聪明的开始，但把其他人的聪明归于基因彩票只是为自己的不努力找一个想当然的托词。天才是人群中的百万分之一，他们根本不需要学习，不需要努力，不需要训练……他们很可能连自己的老师都看不上。

如果能够把全人类的智商按照从高到低进行一个排列，我想我们一定会得到一个纺锤形的分布图，不世出的天才和智力存在严重缺陷的人都只占了纺锤两头极少的一部分，占据纺锤中段绝大多数的是智商接近平均值的普通人。

坦白说，我们与天才之间的鸿沟注定了我们根本不在一个水平线上，而正因如此，我们也实在无须与他们竞争。你要做的是超越占绝对比例的、与自己资质相差无几的同龄人。

误区二：越努力越平庸

不知道你们有没有见过这样的同学，他们总是会用五颜六色的水笔，记着工工整整的笔记，看起来很刻苦，但到最后成绩好像都很一般。这样的人看起来非常努力，但实际上是在偷懒。

很多人都陶醉于做简单的事。买书如山倒，看书如抽丝，看着书架上整齐排列的新书，觉得书买了就是看了；背单词之前，先收藏很多学习方法，再关注很多英语博主；每次下定决心要减肥，先去买一双运动鞋，再办一张健身卡……这些表面上的努力让我们沉浸在自己非常勤奋的喜悦当中。然而事实上，背单词就是反复记忆和总结，并不包括收集资料和买笔记本。

真正的勤奋，绝不是花大量的时间去做最简单的事情，而是去做最重要的事。

西冈一诚在这本书中针对这两个误区开出了一剂良方：5种思维 +5 个案例。理论与实践相结合，保姆级的教程，只教会你一件事——“变聪明”。

我不想说什么“轻松学习”之类的话，学习需要投注大量的心力，甚至可以说，真正深入而持续的学习是一件逆人性的事情。但我们的确能够通过特定的方法、刻意的练习不断提升学习效率，不断增加努力的回报率。而这一切的第一步，就是给自己牢牢打下一枚思想钢印——告别假装努力，像聪明人一样思考。

翻开书的此刻，也许就是改变的开始。

思维方式是核心竞争力

刘嘉森　衡水中学高考状元，青年作家

西冈一诚是一个逆袭的学霸，与我一样，他的成绩起初十分糟糕。任何一个从糟糕境况下逆袭的学生都有独特的方法，这主要是由于“逆袭者们”没有像“优等生们”一样自始至终紧跟学校节奏，而是落后于教学节奏，最终实现了赶超，这对于自学能力的要求是极高的。在考试中，有过逆袭经历的学生由于自学能力出色，往往适应考卷的能力也强，所以表现得更为优秀。最终西冈一诚以优异成绩被日本顶尖大学——东京大学录取。而我就读北京大学，我在阅读这本书的过程中就发现了许多与西冈一诚在思维上的共通之处，并发现西冈一诚表述得非常清楚，案例也详细，所以有志成为学霸的同学应好好揣摩此书。

本书重点在思维方法，这些思维方法用途各异，作为文科生，我对西冈一诚的起点思维法格外有感触，因为起点思维法涉及的概括总结能力是文科生的核心素养。文科生常常面对海量的文字，需要从中找到脉络，并将之总结成知识点。在做题时，文科生常常面对超长的材料题，这正是发挥核心素养的好机会，这种核心素养从何而来呢？西冈一诚在书中第 2 章给出了答案。

在这本书中，西冈一诚还不厌其烦地强调了“透过现象看本质”，其实就是培养抽象思维的意思。我个人认为，许多成绩优秀的初中生在高中学习中一败涂地，正是因为抽象思维发展不及时，依然保持初中时期死记硬背的习惯，而这种习惯正是西冈一诚努力批判的（见本书第 1 部分的“引子”）。我也经历过初中和高中之间的阵痛期，最终正是坚定不移发展抽象思维才获得了进步。以物理、化学两科为例，初中物理除了电路部分，基本都是以记忆为主；化学除了配平思想，也全靠背。到了高中，物理靠记忆就能掌握的内容仅有不到 10%，化学也仅有 50% 左右，所以很多人高中物理和化学成绩断崖式下跌，就是思维方法没有及时转换。

这本书除了讲述思维方法，还在每一种思维方法后贴心地附加了案例，方便各位读者理解前半部分的理论内容。由于中日教材略有差别，我们看案例的时候勿带成见，比如“佩里叩关”在我们的教材中仅是一带而过，而在日本教材中却是重中之重，所以我们把重点放在西冈一诚如何从“佩里叩关”这个历史事件的表述里提取知识点，并运用思维方法来掌握知识点，也就是说，要学会“渔”，而不是仅得到“鱼”。

从我个人经验讲，这本书还有一个独特价值，就是为同学们在大学的学习提供了帮助，因为当今大学课堂一般只能对知识内容略加指点，绝大部分内容都靠自学，对于只会刷题的学生来说难如登天。大学的专业课，往往除了教材，还有参考书目数十部，以及推荐阅读的论文，等等，若是不懂自学、缺少思维，恐怕一个学期下来满头雾水。这本书中讲解的方法有化繁为简、去粗取精的功能，如果揣摩透彻，对于将来大学与研究生阶段的自学肯定大有帮助。

我就读衡中三年，成绩从入学时的 568 名，达到了毕业时的全校第一名，而就读北大中文系期间，在繁重课业之外还坚持演讲、写作和创业，如今都小有成就，在 25 岁这个“四分之一人生”的关键节点达到了足以自立的程度，没有依靠过外力与外物，全是因为注重思考。

我曾写过自传《心的力量》，回顾自己小初高 12 年的经历与经验，它是一份独特的人生样本。而这本书亦是学霸所著，与拙作各有侧重，拙作重点在叙述经历和回顾心态，这本书的方法论则非常清晰、扎实。我深感此书的思维方法与我是共通的，而且表述得深入浅出，所以我真挚地向各位学习者推荐此书，希望你们在中考、高考、考研等重要考试以及平时的各项学习任务中表现出色、成绩优异。也希望每一位处在困境中的学子不要气馁，以逆袭者为榜样，勇敢地跳出泥潭，实现学习的进步，完成人生的飞跃。

学霸的思考模型是可以学习模仿的

丁辉 《令人心动的 offer 第二季》实习生，法律人

我渴望成为一名学霸，但“学霸”这两个字似乎与我一点儿都不搭边。我最接近学霸的一次，就是几年前考研究生的经历。本科毕业后我从事了一份销售工作，在工作的同时花了几个月备考，最终考上了“五院四系”之一的华东政法大学，完成了我 25 年人生中的一次漂亮的逆袭，因此也被一部分人贴上了“学霸”的标签。

我一直认为自己是个“伪学霸”，甚至是“学渣”，因为在阅读《高效学习：成为学习高手的 5 个方法》之前，我和大部分人一样，认为学霸应当是天生智商高、记忆力好的人。当我细细品读了这本书之后才猛然发现，自己身上似乎有着学霸的思维方式：我一度认为自己的逆袭偶然成分更多，但这本书帮我梳理了偶然背后的必然。

本书作者西冈一诚和我有着类似的经历。他在进入东京大学之后，不断向东大的朋友虚心求教，发现他们的思考模型的确与众不同，而他们的思维方式其实是可以学习模仿的。西冈一诚介绍了五个思维方法，其中的“原因思维法”让我豁然开朗。作为文科生，记忆大量的知识点一直是我孜孜以求的目标，当年考研时，我甚至把专业课的所有知识点都烂熟于心，可备考时我没有意识到自己正在使用“原因思维法”来协助记忆，但从本书介绍的理论方法来看，我确实系统化地践行了这一思维方法，并取得了立竿见影的效果。

正如西冈一诚所说，“一切现象的产生都不是理所当然的，能够深刻思考并追问‘为什么’的人，才能学习、掌握更多的知识”。对于法律条文的记忆，我从不止步于条文本身，而是喜欢探寻条文背后的社会背景、立法原意和历史原因，这让我对知识的理解更深刻、更立体。我自创了“关键词连接记忆法”，这其实就是本书所说的“记忆力好的人擅长提炼信息”的记忆方式。我喜欢对比记忆，也契合了本书所建议的“通过建立事物之间的联系实现长期记忆”。作为一名法律人，我深知理论需要实践来检验，我用亲身经历告诉你：这本书介绍的思维方法并非空洞的理论说教和纸上谈兵，而是经得起实践检验的有效方法。

当然这本书还介绍了其他行之有效的思维方法，比如关于创新、关于表达、关于指示和解决问题等方法，你会在这些东大学霸智慧集中体现的思维方法介绍中逐渐变成一个聪明人。

现在我已经离开校园许久，职场经验提醒我，这本书的价值远远不止于告诉你如何成为一个学霸，如果能建立起书中所述的 5 种思维方式，你在工作、人际关系、生活中都会受益匪浅。我很遗憾没有及早读到这本书，以至花了很多时间去探索方法论，所以我很开心能把这本书推荐给你们，希望你们可以站在巨人的肩膀上少走一些弯路——最起码是走在通往学霸的路上。

西冈一诚说他当年的标准偏差值才 35，依然可以上东京大学，我也可以告诉你，我出身平凡，却依然可以从事高尚的法律职业，缘何？读完这本书，我相信你会找到答案。

前言

只要改变思维就能成为聪明人

聪明人为什么聪明呢？你是否想过这个问题？

花同样的时间，学习同样的知识，但是成绩却有人高有人低；读同一本书，同样的内容，但是每个人获取的信息却截然不同。我常常深切地感受到：聪明人和普通人之间的确存在着巨大差异。

很多人都会产生这样的疑问："这种差异，究竟是由什么造成的呢？""如果想要变聪明，我们该怎么做才好呢？"

带着这样的疑问，我开始了《高效学习》的写作。我希望通过这本书，和大家一起分析**智慧大脑的思维**，寻找"聪明人"如何高效思考的答案。

我在东京大学（以下简称"东大"）就读，所以更有发言权。我和聪明的东大学子之间到底存在怎样的差距，是我一直不得不面对的问题，尽管如此，我依然充满自信。

说实话，其实我是个“愚钝的人”。

高中三年级时的模拟测试，我的标准偏差值[①]只有35。英语考试满分是100分，我才得了3分。我并不是偷懒不学习，成绩才这么差的，我其实很勤奋，每天都在书桌前努力学习好几个小时。

虽然我一直很努力地认真学习，但成绩始终不佳，属于典型的“笨蛋”。

“我怎么这么笨？！”

世界上总有一些人即使每天只学习1小时，学习效率也非常高，成绩十分优秀。遗憾的是，我不属于这种类型。我和他们之间的差距到底是由什么导致的呢？我一直在不停地问自己。

估计不少人会认为**“或许是因为这些人天生智商高”**吧，然后，大家就会轻松地得出结论：头脑聪明的人天生智商就高，所以很容易取得成就，而先天智商就不高的人，怎么努力都是白费功夫。

但是，**我太笨了，笨到甚至没能推理出这个结论**。“因为智商是由先天因素决定的，所以后天的努力没什么作用”，这个逻辑推理，我还根本没领会到。

自始至终，我只思考一个问题：“我怎么这么笨，我怎样

---

① 偏差值 =［（个人成绩 – 平均成绩）÷ 标准差］× 10+50。

才能变聪明，怎样才能考上东京大学?”

于是，我努力奋斗了 3 年，其中有 2 年在复读，最后，我终于成功实现梦想，考上了东京大学。

我为什么能成功，考上了梦想的东京大学?答案非常简单，因为我全方位向聪明人学习，掌握了聪明人的思维方式。

通过搜集近 50 年来东京大学的入学考题，我分析了东大招生的真正意向。此外，我不断向东大的朋友和聪明人虚心求教，借他们的笔记，向他们请教，持续不断地模仿，努力学习他们科学的学习方法、阅读心得、作文技巧等。在这个过程中，我深切感受到：**聪明人的思维方式的确与众不同。**

他们的聪明，与他们掌握的知识多少无关，而主要体现在思维方式上。他们伏案学习的时间并不是很久，他们的智商也与普通人没有什么不同，但是**“思维方式的差异”**让他们成了**“聪明人”**。

他们的思维方式，其实是可以学习和模仿的。我就是成功的例子，虽然我的标准偏差值才 35，但是通过学习和模仿，我成功地考入了东京大学。

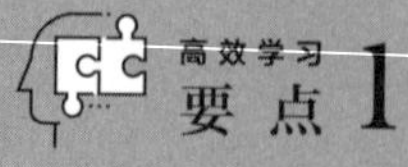

高效学习
要点 1

聪明和愚钝并不是天生的，思维差异才是本质。

这里，我先告诉大家一个结论：**任何人都能通过学习和模仿变聪明。**

有的人擅长记忆，有的人博览群书，有的人表达能力好，有的人富有创意，有的人善于解决问题。

人的“聪明”分为很多类型，但是，我们却常常误以为“聪明是天生的”。

事实上，**任何人都能通过学习和模仿变聪明。**在成功地考入东大后，我更深刻地意识到这一点。

东大校园里有很多聪明人，但是，在**100个人当中，有99个是通过后天努力才成为人们所认为的“聪明且有天赋的人”的。**当然，校园里也会有少许天资聪颖的学生，不过他们只占极少一部分，估计最多不会超过东大学生总数的1%。

那么，剩下的智商平平的普通人是怎样变聪明的呢？

成功的关键在于思维方式。无论在生活还是在学习中，东大学生的思维方式与我们这些普通人不同。**这种思维方式的差异，在某种意义上就是他们的一种思维训练**，正是这种训练才练就了东大学子的“智慧大脑”。

那么，我们是否可以模仿和学习呢？天赋虽然无法模仿，但是思维可以学习。或许我们未必能做到像东大学子那样分析思考，但是通过分析他们思维的技巧，进行模仿练习，可以获得相同效果。**我们可以通过自身的努力，变得像东大学子一样聪明。**

本书主要分析众多东大学子的共同点，即5种思维，它们分别为：原因思维、起点思维、目标思维、逆向思维和本质思维。

“聪明人为什么聪明？”“我们怎样才能成为聪明人？”我想通过对以上5种思维的分析，和大家一起寻找答案。

或许有人看到这本书的书名就望而却步了，认为自己没有足够的能力，完全做不到。其实，没有关系，普通人和聪明人之间的差异其实非常小，**我们只需稍微改变一下大脑的运转方式，就能成为“聪明人”中的一员。**

原因很简单，当年我的标准偏差值才35，愚钝如此，我都能够通过努力改变取得成功，大家只要努力，我相信也一定没有问题。

我希望通过这本书，与大家一起分享学习掌握“智慧大脑”的思维方式。

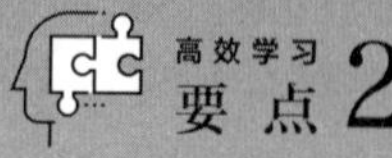

改变思维方式，有助于练就智慧大脑。

第 1 部分

高效学习 · 理论篇

引　子

学霸思维
在日常生活中养成

为什么东大学子在人们的心目中就是“聪明人”呢？聪明人和普通人之间到底有什么不同呢？

每当遇到这样的问题，我想很多人会把原因归结为先天因素，认为这是天生的，还会有不少人回答：“因为大脑功能不同，所以他们才能考进东大。”“无非就是他们天生就聪明嘛！”

然而，我就读东大后，深切地感受到事实并非如此。那么，我身边的东大学子经历了怎样的路程才成功成为东大学子的呢？无论是在学习上还是在生活中，他们都有许多值得我们去了解的东西。他们之所以能够成为东大学子，原因很简单，无非就是“日积月累、不断努力的结果”。

天才如果不努力也不能轻易考入东京大学。

事实上，普通人通过自身的努力，成功考入东京大学的例子有很多。

一些人天资聪颖，小时候就被人们断言“肯定能考上东京大学”，然后就轻轻松松上了东大，这样的案例几乎不存在。现实告诉我们，多数东大学子其实并非人们眼中“先天智商高”的人。

“东大学子的聪明，是后天习得的。”

那么，东大学子是如何变聪明的呢？聪明的人与愚钝的人之间到底有何本质区别呢？我们该怎么做才能让自己变得更聪明呢？

我认为，变聪明的关键在于“对日常生活的辨析能力”。

大家可能都会经常拍照。拍照时，一旦相机没有对焦，拍出的照片就会很模糊，分辨率很低，而成功对焦时照片的分辨率就很高，极小的细节都能显示得非常清晰。

聪明人观察世界时，就是高分辨率地去观察。他们可以从**生活的点点滴滴中获取信息，就像随身揣着一台高像素的相机一样。**

在进一步详细说明之前，我想先说一个大家经常能听到的观点：“要提高英语口语，找个外国恋人就行了。”对于这一观

点，你是如何看待的呢？

这种观点认为，和恋人直接对话的这一动机，能够促使人们迅速提高英语学习水平。听起来好像颇有几分道理。

的确，我身边有不少人就是这样做的，而且还有很多人知道这种做法，说明有不少人对这一观点是有共鸣的。看样子似乎也颇为可信。

但问题是，怎么证明这一观点是正确的呢？为什么“找个外国恋人，英语学习积极性就能变高”，然后就会实现“英语学习效果提高”的目标呢？

我的朋友中的确有人因为交往了外国恋人而英语口语突飞猛进，但是，当我向他了解情况时，他的回答却让我十分意外。

> 比如，乘坐公共交通工具时，我们会听到有专门面向外国人的英语广播。当我们学习英语的意愿很低时，听到英文广播，我们唯一的反应无非就是“哦，放的是英语啊”，仅此而已。但是，因为交往了一个外国恋人，想要和她说话，想要尽快掌握英语时，这个英文广播就成了英语学习的材料。

同样，我们在日常生活中也经常会在不经意间看到英文，比如广告牌和菜单上的英文，企业名称和商品名称中包含的英文单词等。在我看来，这些都是英语学习的好材料，我就是这样一步步提高英语水平的。

在日常生活中，你会看到很多的英文单词，比如“menu”（菜单）、“announce”（宣布）、“motivation”（动机）等，很多企业也将企业名字改成了英文的。

那么，我想问大家，这些我们在日常生活中经常看到和听到的英语，具体是什么意思，你是否有意识地去了解过呢？我想大多数人应该是听过就忘了，没放在心上吧。

当人们有强烈的学习英语的积极性时，就会有意识地去观察生活中出现的英语，即便没有坐在书桌前，他们也依然能够学习英语。我认为，这才是“想提高英语口语，找个外国恋人就行了”这一主张的真相。

“对日常生活的辨析能力强”，指的就是这种情形。同样的风景，在有些人眼里是英语的学习材料，而在有些人眼里则什么也不是。正是这种思维差异，导致了人与人之间巨大的差距。

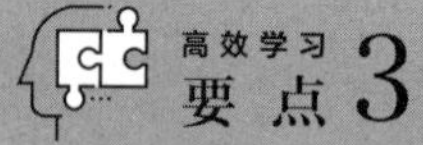

东大思维将不断提高对日常生活的辨析能力。

接下来，我们分析一下东大学子在日常生活中到底观察到了什么。他们是如何绘制思维导图，如何练就聪明大脑的呢？

答案是：他们并不是向特定的某个事物学习，而是向所有事物学习。因为他们是从生活的点点滴滴中学习，所以东大学子才拥有了聪明的大脑。

例如，去便利店买牛奶，稍微观察一下牛奶包装，你就会有一些意外的发现。如果在东京买牛奶，你会发现牛奶产地是群马县、栃木县、千叶县等，大多数牛奶产地是关东地区附近的县。

估计有人会问："为什么呢？牛奶不是北海道的好吗？"甚至有的人还一直以为北海道的牛奶多呢。至于群马县、栃木县，感觉好像不产牛奶似的，为什么关东地区北部居然设置牛奶生产厂家呢？

答案很简单，小学课本里就写着"近郊农业"。例如，为了保证新鲜，蔬菜需要采摘后尽快食用，所以一般在消费地点附近进行培育，这样的安排可以控制运输成本。同样，牛奶保质期短，因此保鲜非常重要。如果将北海道生产的牛奶运到东京，光是时间和劳动力上的消耗就非常巨大。因此，东京市场上的牛奶大多是关东地区周边城市生产的。

即便是面对牛奶这样一种极为常见的食物，只要仔细观

察，多问“为什么”，也能够深刻了解到“近郊农业”的概念。

同样，大家经常看到但是从未提出过疑问的一个事物就非常有代表性，那就是红绿灯。日语中红绿灯表达为“青信号”，但是信号灯并不是青色的，为什么红绿灯要用“青信号”表达呢？

同样的表达，还有一个是“青汁”。青汁并不是青色的。话说回来，如果饮料真的是青的，估计我们还不敢喝呢。**我们为什么把绿色的“绿”用“青”来表达呢？**

说来话长，这个事情需要追溯到日本的平安时代。

平安时代只有4种颜色，准确而言，虽然存在很多颜色，但是当时的**人们对颜色分类的词汇只有4个**，分别是红、青、白、黑，所以人们用这4个表示颜色的词汇来描述其他颜色。

在当时，绿色并未和“青”区分开来；茶色则被视为黑色的一种，用“浅黑色”来表达，直到如今，人们偶尔还会使用“浅黑色”这一表达方式；黄色则被算作红色的一种。

日常辨析能力小训练 No. 1

Q. 牛奶产地并不是全部在北海道，大多是在距离销售市场较近的地区。但是，奶酪和黄油的产地依然大多在北海道，这是为什么呢？

如今，在日语中，作为历史遗存，“红的”“青的”这些词汇依然在使用，但是没有人用“绿的”这个表达。同样，“白的”“黑的”都可以说，但是没有人直接说“黄的”。颜色如果直接作为形容词来表达，只有“红的”“青的”“白的”“黑的”这 4 种。

当然，“茶色的”“黄色的”这样的表达是存在的。但是，如果后面不加“色”这个字，这类词就无法使用，因为没有“茶的”“黄的”这种表达。

大量表示颜色的词汇出现的时期，已经是镰仓时代以后了。但是即便如此，这 4 种颜色作为日本古代颜色分类的思维依然保留着，这 4 种颜色总被优先排列，其他所有颜色则列于其后。因此，虽然信号灯有绿色的，但是依然用“青”来表达；绿色的饮品依然标注的是“青汁”。平安时代的历史至今依然保存着，这就是“青”的来历。

“牛奶”也好，“青信号”也好，都存在于我们的日常生活中，随手可及，司空见惯。但是，有的人可以从中学到东西，有

日常辨析能力小训练 No. 1

A. 牛奶、奶酪、黄油都是用牛奶制成的，但是牛奶与奶酪、黄油有着很大不同。牛奶需要保证产品的新鲜，而如果将牛奶加工成奶酪和黄油，就可以保存很长时间。因此，日本市面上销售的奶酪和黄油，都是由北海道出产的牛奶加工而成的。

的人却学不到。可见，善于学习的人会不断地在生活中汲取新的知识。

1. 学知识、做学问，从细致观察日常生活开始

这种方法其实并不是什么与众不同的特殊存在，事实上，这就是**自古以来一直持续不断实现学问增长的机制本身**。

例如，科学其实就是“力图解释说明我们身边所有常见事物”的一种学问。“苹果为什么会从树上掉下来？或许可以用地球引力来解释。”“为什么会下雨？或者与水的蒸发有关。”

为了解释我们身边一些常见的现象，牛顿、亚里士多德以及诸多大学教授都在反复进行研究，这正是在构建提高日常生活的辨析能力的方法论。

学知识、做学问本身，完全可以被定义为“提高日常生活辨析能力的行为”。

2. 人人都能通过思维训练提高日常辨析能力

或许有人会说：“嗯，我知道你的意思，但是我觉得自己完全做不到。”事实上，只需要转换一下思维模式，任何人都能够轻松提高日常生活的辨析能力。

不要觉得自己做不到。我的标准偏差值才35，我都做到

了，你肯定没有任何问题。只要领悟到意识和思维上的些许差异，我们就能在拍照时成功对焦，拍出高像素照片。

接下来，本书将给大家介绍 5 种方法，通过这 5 种方法，任何人都能轻松掌握提高日常生活辨析能力的方法。

高效学习 要点 4

东大学子能从日常生活观察到的所有事物中不断获取信息。

第 1 章 原因思维法

1. 记忆前进行“知识转换”

接下来，我们将对“东大思维”，即东大学子是如何进行思考的这一话题展开进一步讨论。在此之前，我先问大家一个问题：你心目中的聪明人是什么样的？

○ 聪明的人记忆力未必一定好

• 头脑聪明≠记忆力好

对于这个问题，我想大家可能会给出各种各样的答案，但是，可以肯定，其中最多的答案应该就是“记忆力好的人”。

什么样的人是聪明人？聪明人就是博学多识、记忆力强、有文化底蕴、知识面宽的人，这就是聪明人给我们留下的最深印象。

事实上，东大学子的确善于记忆。因为，要考入东大，至少需要记住 4000 个英语单词、500 个古典词汇、500 个数学公式，以及 1000 个以上与社会科学和理科相关科目的各类知识点。

显而易见，要达到以上要求的确难度很大。记得读高中时，我听到这些要求后的第一反应就是难以置信：要考上东大，居然要记住这么多东西？！

于是，我很自然地得出结论："看来东大学生的记忆力都很强大啊，要记这么多东西，他们肯定只听一遍就能记住，记忆力绝对很厉害。说不定他们只是看一遍就能记住，完全可以做到过目不忘。东大学生肯定都是些天才！"

估计不少人的想法和我的差不多吧。然而，事实却并非如此。

尽管他们是东大学生，但是他们的记忆力与普通人没什么差别。说起来甚至有点喜剧色彩，在和东大学生一起生活了一段时间后，我发现他们其实也会丢三落四，类似"哎呀，下一堂课是什么课？""糟了，下一堂课的教科书忘带了！"这样的情况也时有发生。

知道这一事实，是不是觉得特别不可思议？能把 4000 个英语单词记得清清楚楚的人，为什么也会丢三落四？对此，我也是百思不得其解。

• 人的两种记忆：容易记忆和难以记忆

事实上，记忆力总是表现得那么不可思议。

例如，一名象棋棋手可以记住成千上万个棋局。“啊，这个阵形，在一次比赛对阵中我曾经见识过。”棋手把所见过的棋局、阵形等都提前存储在大脑里了。那么，如此说来，象棋棋手是不是都具有超强的记忆力呢？

事实果真如此吗？如果给这些记忆力好的棋手布置一个任务，要求他们记住某盘棋的棋局，那么在面对一盘毫无关联、毫无秩序的乱棋时，他们也是一筹莫展，完全记不住。棋手们表示，对于在比赛过程中出现的棋局他们是能够记得很清楚的，但是眼前这种棋局，他们却怎么都记不住。

同样的道理，如果给东大学生布置“记住以下单词”的任务，相信很多东大学生都能轻松完成。但是，在要求他们“记住以下无规律的字母表”时，他们却做不到。

虽然记忆的对象相同，但在记忆过程中，为何会有“容易记忆”和“难以记忆”的区别呢？

换言之，我们所认为的记忆力好的人，他们在记忆时并非我们所想象的像相机拍照一样，将信息原原本本全部存储在大脑中，而是在记忆的过程中进行了**“记得住”**和**“记不住”**的信息分类。

讲一个非常浅显易懂的故事。我小时候怎么都记不住九九乘法口诀，父母为此十分苦恼。当他们考我“2 乘以 3 等于几”这样简单的问题时，我也总是答不上来。

不过，当时我特别喜欢一款游戏《精灵宝可梦》。游戏里有300多个精灵宝可梦，每个精灵的名字我都记得十分清楚。

九九不过八十一而已，精灵宝可梦可是有300多个，而且各自有不同技能，它们之间微小的细节差异我都能记得一清二楚。正因为这样，父母非常生气，总是责骂我：“你这记忆力怎么就不能好好用在学习上。”

其实，这种情况极为常见。因为人在记忆过程中会区分两个领域：**记得住的和记不住的，所以记忆力好的人依然会有丢三落四的情况。**

究竟是什么原因导致出现这种情况呢？

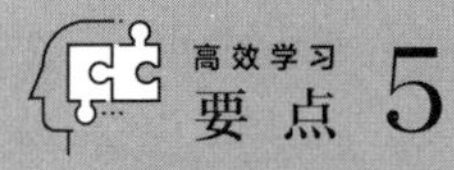

头脑聪明的人未必一定记忆能力强。

○ 分析理解记忆对象

• 东大学生拒绝死记硬背

关于记忆力的不可思议之处，我想可以通过**日常生活辨析能力的差异**进行说明。事实上，记忆力强大的人与记忆力普通的人**唯一的不同就是“关注点”的差异。**

大部分人认为聪明人的记忆就像相机拍照一样，可以将所有信息完整地存储在大脑里，但人类是否存在如此强大的记忆力，目前还是一个问题。即便存在这种有超强记忆力的人，也仅限于概率极小的一部分人（即便是东大学生也最多是 1 万个人中有 1 个这样的人这种极小概率）。如果不这样解释，我们就无法理解记忆力的不可思议之处。

那么，为何我们会产生“记忆力好”和“记忆力差”的分类呢？答案只有一个：**看待记忆对象的视角存在差异。**

例如，大家可能知道“unite”的意思就是“结合”。当大家遇到这个单词，是怎样记忆的呢？反复看，反复书写，还是尝试用谐音顺口溜？

我认为，这些方法作为记忆的手段都是正确的。然后，我们根据人们的努力程度来分类：只需少许努力就能轻松记住的人定义为“记忆力好的人”，那些通过大量阅读、书写才好不容易记住的人归类为“记忆力差的人”。

不过，记英语单词时东大学生绝不会死记硬背，他们往往会转换视角来记忆。

例如，“unite”这个单词我们在日常生活中经常听到。“USA”，

也就是"United States of America"中的"United"也是从"unite"一词变化而来的。这样一来，我们再看看"USA"究竟是什么意思？美国是合众国，是在多个州（state）联合的基础上建立起来的国家。"United States"就是指联合在一起的"州"。

那么，与"unite"一词相似的词，如单词中有"uni"的词大家又知道多少呢？"uniform""unique""unit"这些词，在日常生活中也很常见。

看到以上单词，我们会想到一个问题，"uni"出现在哪些词中呢？

带着这个问题，我们查一查字典，就会找到"uni"指的就是"一个"。全部统一为一样的衣服 =uniform，即制服；其他事物所不具备的个性 =unique，即独特性；两样事物合二为一 =unit，即一组。以上单词是由"uni"的基本含义"一"衍生出来的表达。

unite= 联合，就是"统一"。"统一"一词中也包含"一"的基本含义。"unite"就是把分散的事物变成一个整体，因此就产生了"统一"这一含义。

• 通过建立事物之间的联系实现长期记忆

现在如何？ unite= 统一，这个单词大家完全记住了吧？

记忆力好的人往往将需要记忆的事物与身边的事物联系起来，通过探寻事物产生的原因就轻松记住了，无须死记硬背。

通过将相关的事物串联起来记忆，其他有联系的事物也就能一并记住。比如在记“unite”这个单词的过程中，顺带能轻松记住“United States”，以及“unique”“uniform”等单词。

很多人在记忆时往往不做任何思考，只是单纯地死记硬背。他们通过反复书写、反复看、反复听等方式去记忆。而我们往往容易将这些擅长死记硬背的人当成“记忆力好”的人。

但是，事实并非如此。死记硬背就像吃饭时完全不加咀嚼，狼吞虎咽，这样必然会导致消化不良。

聪明人擅长对要记忆的内容细嚼慢咽。即便是“unite”这样一个简单的英语单词，他们也能举一反三，由此及彼，让这个单词“更好记”，因此不会出现记忆障碍。他们只需改变视角，就能让记忆过程变得更简单。

再举一个例子。大家都知道 Colonel Sanders 吧，就是肯德基创始人，那个白胡子老头。那么，你知道肯德基爷爷的真实姓名吗？你可能会以为“不就是 Colonel 嘛”，实际上并不是。肯德基爷爷不叫 Colonel，Harland Sanders 才是他的本名。

可能有人会问：“Colonel 指的是什么呢？”Colonel 本义表示军队的上校，也就是说 Colonel Sanders 其实就是“Sanders 上校”，表示一种尊称。

听完这个故事，你记住 colonel 是“军队上校”的意思了吧？如果平时学习时看到 colonel 这个单词，没有这个场景，也许很难记住。但是，将它和日常生活联系起来，一下子就能记住了。

记忆力强的人，实际上就是善于转换思维的人。

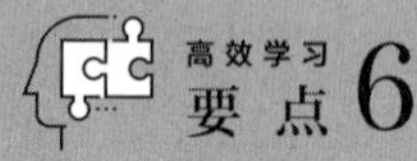

记忆力好的人通过转换视角寻找联系来协助记忆。

○ 分类归纳记忆对象

• 记忆力好的人擅长提炼信息

我们来打个比方。我们每个人的大脑里都有一个专门储存信息的记忆空间。人们大多会认为聪明人的记忆空间容量巨大，可以容纳海量信息，所以他们拥有好记忆力。的确，有这样的人，但是极为罕见，1000 万人中最多会出 1 个。

事实上，**聪明人的记忆空间的容量**与普通人并无差别。但是，**聪明人擅长归纳和整理记忆内容，能够将大量信息分类、整理并存入记忆。**

总而言之，聪明人与普通人的差异不在于记忆空间的大小，而在于记忆存储方式的不同。

如此一来，我们可以得出结论：**聪明人就是实现记忆轻量化的人。**

比如，记忆 unite 这个单词时，可以顺带记忆 unique、uniform 等单词。这些单词都是由“uni”这个表示“一”的词根派生出来的。“嗯，unite 表示统一，unique 表示独一无二，uniform 表示制服”，就这样，我将这三个单词捆绑在一起记忆。

通过转换视角，记忆力好的人成功实现了记忆轻量化和最小化。就像我们整理衣柜一样，一格全部放 T 恤，另一格全部放贴身衣物，分门别类，整齐有序。

• 归纳和整理信息能力强的人善于提取信息

信息整理有序，提取信息就会更快捷。

当衣柜收纳有序时，我们就不会手忙脚乱地到处翻找：“啊，内衣到底放在哪一格？”而是非常确定“内衣肯定放在某一格”。我们提取记忆信息同样如此。

所以，即便我们忘记了 unite 是什么意思，但只要记得“uni”表示“一”，其他派生词都与此有关，以此类推，也能轻轻松

松唤起记忆，回想起 unite 的含义是“统一”。

我在前文中提到的象棋棋手记棋局时也是如此。他们并不是将 100 种不同类型的棋局死记硬背下来，而是记住决定棋局胜负的关键棋，并且由此推算，才记住了 100 种棋局。

棋手并不是去死记毫无意义的棋局，而是记具体步骤，例如“这种情况下如何破解穴熊围”的棋局，或者“如果遭遇银将配合飞车的进攻，该如何防守”的战局。通过记住关键走棋，他们记住了整个棋局。因此，只见最后棋面却不知过程的棋局，他们是记不住的。

以上所有，都取决于我们看待事物的方式。

有些人看来，毫无规律的英文字母排列与有规律可循的英文单词并没什么不同，看不到过程的棋局和知道来龙去脉的棋局似乎也没什么差别。但是，**聪明人通过转换视角，能将杂乱的信息变得有助于记忆，将需要记忆的信息进行提炼，实现了记忆任务的轻量化。**这正是聪明人记忆力好于普通人的原因之一。

本章内容，总结如下：

- 记忆力好的人通过转换视角记住更多信息。
- 仔细分析理解记忆对象，让信息记忆更方便、更快捷。
- 寻找信息之间的关联，抓住关键信息，让记忆轻量化。

接下来，我和大家分享养成智慧大脑的思维——原因思维。

高效学习要点 7

整理信息的记忆方法，远比记忆总量更重要。

2. 拒绝死记硬背

○ 分析原因，灵活记忆

在这里，我想与大家一起讨论原因思维。

在上文中我们提到，要提高记忆能力，需要转变看待事物的方式，做到以下两点：一是分析理解记忆的对象，让内容更有利于记忆；二是通过在记忆对象之间建立联系，实现记忆轻量化。

下文我们将进一步分析该如何进行具体操作。

• 一切事物都是结果的呈现

分析原因，简言之，就是“知其所以然，实现轻松记忆”

日常辨析能力小训练 No. 2

Q. 英语当中“order”一词，分别有“顺序”“排列”“秩序”“命令”“订购”等意思，为什么一个词有这么多含义？

的思维。

最初接触“unite”一词的人，原本不知道为什么“unite”表示“统一”。于是，很多人都在不知其所以然的情况下，努力去记忆词的含义，但是很难记得住。背诵记忆时，总是会有“怎么也记不住啊”“完了，刚记住就又忘记了”等让人备感无奈的情况。

其实，出现这种情况并不难理解。在不知道词语来源的情况下记忆，等于背诵一串无规律可循的字母排列。

原因产生结果。所有事物之间都存在因果关系，一切事物背后必有原因。因为有火，所以有烟；因为生了虫牙，所以牙疼；因为悲伤，所以流泪。“unite”为什么表示“统一”，一定有某种原因。

带着问题，我们查一查字典，结果发现“uni”本义是“一”。因为“unite”一词中含有“一”这个要素，所以派生出“统一”的含义。

因此，我们只需要记住“uni”就是“一”。即使一时忘了“unite”的意思，通过分析原因，“uni 表示‘一’，unite 表示

日常辨析能力小训练 No. 2

A. “order”一词，本义表示“秩序”。所谓秩序，就是“保持应有的状态”。当英国议会会议中发生争论时，就会有人喊“order、order”，意思是让所有人坐回座位、不乱发言、恢复到应有的状态。这是“order”的最初含义，其他意思都是由此派生出来的。

'统一'"，也能轻松回想起来，不容易忘记。

我们看到的所有现象，都只是结果的呈现。重力作用的结果，就是苹果从树上掉下来。地球自转的结果，就是一天分为白天与黑夜。遇到开心事的结果，就是露出笑颜。只是我们总是将这些现象视为理所当然，总是轻易下结论："苹果当然要从树上掉下来。"

东大学子在面对"结果"时，往往都会提出疑问。

我曾经做过一个调查，调查东大学子说话时喜欢用什么词，即使用的高频词是什么。结果显示：东大学子常用词中排名第一的是"为什么"，频率远超其他词语。

东大学子的特征是：**遇到任何事情或者知识，都将其视为一种"结果"，然后努力分析并追寻其"原因"。**

"为什么 unite 表示'统一'？"

"为什么苹果会从树上掉下来？"

因为对所有事物都带有疑问，所以才想去了解问题背后的原因。因为了解事物背后的原因，才能记住大量信息，实现长期记忆。

日常辨析能力小训练 No. 3

Q. 最近十分热门的音乐组合 King Gnu 有一首歌曲叫《白日》，这里的"白日"是什么意思？除了"阳光明亮的一天"，它还有什么其他不为人知的含义吗？

事实上，东京大学的入学试题也充分表现出这样的倾向。比如，“为什么圆周率是 3.14？”“日本为什么要开放国门？”在大多数情况下，这些题目考查的重点并不是知识点本身，而是问考生“为什么”。

认为一切现象的产生都不是理所当然的，能够深刻思考并追问“为什么”的人，才能学习、掌握更多的知识。东京大学的这种招生意向，常常体现在这种类型的考题中。

• 巧妙记忆，拒绝死记硬背

深刻理解事物背后的原因后，**我们无须死记硬背，就能轻松记住。**

上文中我提到，要进东大，必须记住大量知识点。但是，这种记忆不是死记硬背，而是通过分析原因灵活记忆。

例如，你是否记得马休·佩里的舰队打开日本国门是在哪一年？答案是 1853 年。记这类知识点时，大多数人是靠编顺口溜，或者靠反复背诵。但是，东大学子不一样，他们会问：“为什么不在 1852 年，也不在 1854 年，偏偏是在 1853 年呢？其中一定有什么原因。”他们会追寻事情发生在 1853 年的原因。

通过分析他们发现，1853 年佩里的舰队进入日本并非偶然，而是背后有其深层次的原因。

在 1853 年佩里的舰队进入日本几个月后，欧洲爆发了一场大规模战争——克里米亚战争。

事实上，当时有很多国家想要强行打开日本闭锁的国门，但是，最后为什么是美国先出手呢？因为1853年欧洲局势极为紧张，战争一触即发，此时的欧洲必然无暇他顾，美国当时的想法大约是趁着这一时机攻占日本，就不会遇到太大的阻力吧。

而且，直到1848年，美国在距离日本较近的西海岸也没有占领任何土地。他们之前主要活跃在东海岸附近，等到活动范围拓展到西海岸时，已经是1848年的事了。

到1849年，西海岸涌入了大量的美国人。旧金山（圣弗朗西斯科）的美式橄榄球球队取名为“旧金山49人队”（旧金山淘金者队），就是为了纪念这片土地曾经的历史。

1845年以后，军舰完工，强迫日本开放国门的所有准备就绪，同时估计到欧洲此时无法出手干涉，趁着这一时机，美国军舰踏入日本。

通过以上分析我们了解到，1853年佩里的舰队踏上日

日常辨析能力小训练 No. 3

A. “白日”就是指“身体一尘不染”，另外还有“青天白日”或者“白花花的太阳”等意思，表示没有犯罪、自身清白时也用这个词。对照这首歌的歌词：“我们有时候也会伤害他人，我们能够当什么都没发生而心安理得吗？”自然就能理解这里的“白日”指的是无所谓。

本领土，是多种原因叠加的结果。如果我们提前了解这些历史原因，那么我们记忆这一时间的时候就会想到："佩里的舰队来航，是在欧洲克里米亚战争爆发之前""确切地说应该是在1849年之后又做了几年准备"，这些会让记忆过程更轻松。

死记硬背只能记住个年份："1853年，佩里的舰队来航！"但是，**这种记忆方式毫无章法，和随手将衣服胡乱塞入衣帽间一样，根本没有进行真正意义上的整理。**等到想要提取记忆的关键时刻，却根本找不到，因为很快就遗忘了。

为了避免这样的情况出现，我们需要记住一句话："欲速则不达。"我们必须对事物进行充分的原因分析。

接下来，我们来进行具体实例分析。

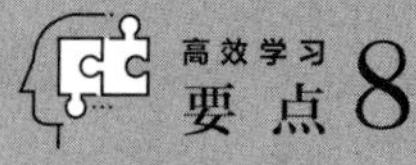

通过分析原因巧妙记忆，避免死记硬背。

○ 分析原因的5个步骤

在分析原因时，我们通常采用以下5个步骤。

• 步骤一：寻找结果——寻找记忆对象，探索事情缘由

首先，我们需要找到记忆的对象，分析对象。形成习惯之

后，对不经意间看到的新闻或者身边的日常琐事，不管是什么对象，我们都可以尝试着寻找一下结果。

• 步骤二：寻找关键词——搜寻有特征的数字或者特定表达

分析原因时，可能一开始会有些迷茫。对于书上写的“1853年，佩里的舰队来航”，你可能只是一眼扫过，很难会去想为什么。的确，发现问题并提出问题是很困难的。

此时，我们可试想一些具体信息，例如“1853 年”“美国”等，通过锁定的关键词找到突破口。

• 步骤三：设置问题——思考数字和特定表达背后的原因

观察到一个事件，就要思考这一事件产生的原因。比如，“1853 年，当时的世界发生了些什么？”“在这一时期，还有些什么事件？”“对美国人而言，1853 年具有怎样的意义？”“为什么是美国人，而不是英国人呢？”诸如此类，我们可以提出很多问题进行深入思考。

日常辨析能力小训练 No. 4

Q. “party”一词可以指人们欢聚在一起办宴会，在游戏里面则是指一个团体，表示“组队”的意思，那么，“party”这个词最初是什么意思呢？

- **步骤四：了解背景——调查数字和特定表达的背景**

然后，我们需要以更宏观的视野、更抽象的高度进行分析。

比如，1853 年，就是 19 世纪，那么，19 世纪有什么时代特征？与其他世纪相比，19 世纪有什么不同？对于这样的问题，我们都可以进一步思考。

以美国为例，继续拓展思维，我们可以想想“美国原本是一个怎样的国家”“原来的美国到底做了些什么”等等。

（根据情况，我们有时可以省略步骤四。关于背景的分析方法，我们将在第 2 章中进行详细叙述，希望能为大家提供一些参考。）

- **步骤五：分析原因——思考原因并得出答案**

在步骤三和步骤四的基础之上，提出“为什么”，从而得到步骤二的解答。

例如，检索“1853 年”“美国的建国历程”，我们可以寻找自己印象中的答案：“1853 年，英国好像发生了这样一件事”“原来美国在这一时期刚刚占据西海岸没多久”，等等。

日常辨析能力小训练 No. 4

A. “party”一词来自“part”。“part”本义是“与整体相对的一部分”，有时候表示“这部分他来负责”，由此派生出“部分人在一起聚会”的意思，然后又有了“部分人组成团队”的意思。

此时，可能有人会提出疑问："到底这个理由是否正确？"纠结这个理由正确与否的过程，其实也是深入思维的过程。

当然，理想情况下，我们找到的理由就是正确的。最重要的事情在于我们思考、我们接纳的过程，这样能让我们保持思考的习惯。这个思维过程无须告知任何人，如果想法错了，我们改正过来就可以了。这种在某种意义上"很随意的态度"，在本书中却是非常重要的一种方法，希望大家都能掌握。

接下来，我们一起来学习如何"分析原因"吧！

"分析原因"的具体示例：

1

unite = 统一。

步骤一："unite""统一""uni"。

步骤二：uni 是什么意思？

步骤三：uni 是"一个"的意思，然后派生出"统一"的意思。

2

term 这个单词有"期限"和"关系"两个意思。

步骤一："term""期限""关系"。

步骤二：期限和关系意思完全不同，为什么一个单词可以表达两个意思？

步骤三：term本来是什么意思？

步骤四：term原本表示限定范围，然后派生出限定时间的"期限"，以及限定人与人之间联系的"关系"。

3

日本最近太阳能发电取得了迅速发展。

步骤一：太阳能发电。此外，分析"最近"这一时间，调查具体时间。

步骤二："太阳能发电"是什么发电方式？2011年太阳能发电数量开始增长，2011年有什么特别之处？

步骤三：主要利用什么能源发电？

步骤四：2011年东日本大地震，核能发电厂发生事故，

日常辨析能力小训练 No. 5

Q. "uni=一个"，把你能想到的含"uni"的英语单词全部列举出来。

导致核能发电困难。通常情况下主要是火力发电和水力发电，太阳能发电属于清洁能源，而且是可持续性获得能源，因此在2011年后太阳能发电备受关注。

通过以上示例，大家是否对“原因分析”的5个步骤有了大致的概念呢？接下来，我们尝试来挑战一下吧。

“原因分析”，一起试试看！

【问题】

Q1：为什么culture表示文化？

Q2：fine一词有“非常好”和“罚款”两个意思，为什么？

日常辨析能力小训练 No. 5

A. “unity”统一（联合体），“unify”一体化（使成为一体），“uniform”统一着装（制服），“uniformity”一致性（保持一致就好），“universe”宇宙（所有事物构成一个），“universal”普遍的（所有人聚集到一起去一个地方），“union”联合（组合为一个），“reunion”重逢、同学会（再次聚集在一起），“unisex”男女通用（sex指性别，uni指一个，不分性别统一为一个）。

【回答】

A1：culture 原本的意思是“耕耘”，丰富人的精神世界的耕耘就是文化。

A2：fine 原本是“分界线”的意思。因为有分界线，“没有比这更好的了”自然就是“非常好”；因为有分界线，所以“就此打住，以后不再有争执”就成了“罚款”的意思。

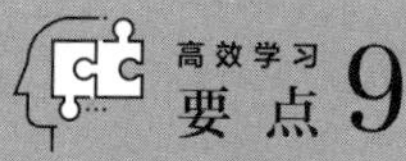

从具体关键词入手分析原因，再逐步进行抽象概括。

3. 拓展记忆容量

○ 创建记忆分格

完成“探寻原因”这一步后，接下来就需要“建立联系”

了。何谓建立联系，简而言之，就是整理信息。

我在上文中讲到一个观点：一切现象都有其原因。当然，即使是同样的原因，也有可能导致不同的结果。

uni= 一个，所以有了 unit、uniform。1849 年美国拓展到了西海岸，所以就有了“49 人队”这样一支美式橄榄球队，四五年后佩里的舰队就强行进驻了日本。

像这样整理出相同的理由，就是我们所说的“建立联系”。

• 建立联系有助于拓展记忆容量

当事物之间建立了关联，记忆就会变得更加便捷。

例如，当我们听到“unite”这个词时，会想起还听到过其他类似表达的词，比如 unite、uniform、universal 等。能够这样进行举一反三的人，自然能很轻松地记住 unite 这个单词。原因很简单，因为他的大脑中创建了一个“uni 的记忆分格”。

前文我们说过，记忆力好的人在记忆橱柜里存放信息时，

日常辨析能力小训练 No. 6

Q. Art Nature 是一家专门从事植毛领域的公司，业务包含制作假发、种植人工毛发等。但是“art”是“艺术”，“nature”指的是“自然”，合起来的意思是“艺术的自然”，让人有点儿无法理解。为什么这家公司起名为“Art Nature”呢?

是分门别类进行整理的，每个信息都有专门的存储格，就像整理衣帽间一样，内衣是内衣，T恤是T恤。能够在事物之间建立联系的人，就已经有了"uni"这样一个记忆分格。在这个格子里，所有由uni派生出来的单词都装在里面。unite一词属于uni这个格子中同类单词之一，也存放在其中。这种方式可以让记忆更加快捷，而且不易忘记。

这样的处理方式，就是建立联系。**前文提到的"原因"是贴在记忆格上的标签，在其导致的结果中找到联系，再根据标签进行整理分类。**

要做到这一点，必须首先在"寻找原因"这一步打好基础。

例如，在脑海中创建了一个"uni=一个"的记忆格，贴上"uni=一个"的标签，后面看到"unite"就能归类。但是，如果连"uni"是什么都不知道，自然无法用"uni"来建立词语间的联系。

如果感觉到"uni"似曾相识，却不深究其本义，那么最

日常辨析能力小训练 No. 6

A. "art"原本不只有"艺术"的意思，还有"人类所有行为的综合""人工"的意思。除了画画的美术家，其他著书写作的人、摄影的人都可以被称为"artist"（艺术家）。我们把花样滑冰选手也称为"冰上的artist"。实际上，"art"就是"自然"（nature）一词的反义词。因此，art和nature这两个意思相反的词组合在一起，意思就是"通过人工创造出自然的产品"。人工制作毛发，通过技术让其看起来很自然，这就是Art Nature公司起名时想要表达的美好理念。

后只会觉得两者相似，却无法进一步深入思考。不整合、不分析原因，自始至终只是死记硬背，最后只能是胡乱将信息随便塞入大脑而已。

东大学子虽然头脑聪明、记忆力好，但是他们能记忆的信息总量也是有限的。他们分门别类创建记忆分格的能力却极为突出。

当我们听到不同的语言表达或新闻，问上一句“为什么”的时候，其实大脑中就有了分格的框架。“unite？对了，就是uni这一格。”“佩里的舰队进入日本，原来当时的美国有这些举动。”只有在大脑中提前搭建好记忆分格的结构，学习过程中不断创建更多格子，我们才能熟练记忆更多的信息。

记忆力好不是天生的。**一个原因会导致多个结果，从这些结果中找到它们之间的相互联系，就会提高记忆能力，这才是关键。**

• 抓住事物的本质，无须刻意记忆

我问一下大家，你的数学学得好不好？

我本人数学很差。因为太差，感觉一看数学我就会产生过敏反应，极其难受，完全提不起任何兴趣。至于数学考试，我也经常交白卷。

但是，东京大学对文科生的数学成绩要求很高，数学不好考入东大也是无望的。所以，我无论怎么挣扎，依然无法逃避

数学这门学科。

无奈之下，我必须努力重新开始攻克数学难题。在学习中，我发现，数学中要记忆的知识点实在太多。

数学中有“加法定律”“毕达哥拉斯定理”“塞瓦定理”等，还有很多让人搞不懂的公式。我努力背诵这些公式，希望能在考试中派上用场……但是，日子一天天过去，我的数学成绩却毫无起色。

我十分苦恼，于是向一位同样报考东大的朋友请教，他的数学成绩非常好。我对他大倒苦水：“你看，数学有这么多要背诵的东西，我怎么记得下来嘛！”

听到这句话，我朋友一脸茫然的样子：“什么，数学还需要背诵？”

我立刻反驳道：“怎么不需要背诵啊！数学里有这么多的公式！”

朋友告诉我：“其实，完全不需要全部背诵。你只要搞清楚这个公式为什么成立，就根本不需要背什么了。”

听到这句话，我明白了，一直以来我努力记住的只是事物的结果。我努力去背诵 100 个公式，记忆的只是结果，死记硬背是完全无法成功的。而我的这位朋友从来不死记硬背，他学数学时是寻找公式成立的原因，并且将原因与其导向的不同结果联系起来，这样就很轻松地记住了 100 个公式。

如果理解了“三角比”定义，sin、cos 也好，加法定律也好，其他各类定理，我们都无须刻意去记。但是，我记不住，是因为只看到 sin、cos 以及加法定律的结果，却从未深究过三角函数定义中两线段数量比的本质。

换言之，我这位朋友成功掌握了对事物本质的理解。所以，在数学中，没有多少需要去背诵的东西。

关于“本质”的讨论，我将在第 5 章中进行重点分析，此处不详细展开。

分析到这里，相信大家已经搞清楚了一件事：对于我们认为必须背诵记忆的许多内容，如果将其与背后的原因联系起来思考，那么完全不需要刻意记。这样一来，记忆任务的总量减少，有效记忆的容量就增多了。记住 4000 个英语单词也好，3000 盘象棋棋局也罢，实际上未必是通过大量刻板背诵实现的。

用最小的力，创造出最大的成果。要实现这一目标，我们就需要在事物之间建立联系。

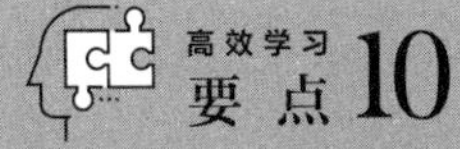

在不同事物之间建立联系，从而减少记忆任务总量。

○ 建立联系的 5 个步骤

接下来我将给大家介绍建立联系的步骤。

- **步骤一：立标签——前文中提到的找寻原因的“原因”**

“uni”就是“一个”，“1848 年”就是“美国发展扩大到了西海岸”，我们需要努力寻找其中的本质原因。

- **步骤二：贴标签——记笔记，在题头标出原因**

准备笔记本或笔记手账。

“uni= 一个”

“1848 年＝美国达到西海岸的一年”

类似这样，将其标在题头。

- **步骤三：寻找联系 1——寻找“原因”所产生的“结果”**

因为“uni”表示“一个”，所以产生“unite”表示“统一”这个结果。“uni= 一个”还有很多派生出的词语，找出它们，然后我们就可以开始分析调查。

- **步骤四：建立联系——将“结果”和“原因”联系在一起**

我们在步骤三中找到了“uniform”这个词，但是不知道这个词是如何与“uni= 一个”联系起来的，因此我们需要进行充分调查，深入思考如何将原因和结果关联起来，并将其形成文字，做好笔记。

因为“uni=一个”“form=姿态、形态”，由此我们知道uniform是大家都穿着统一的服装，所有人都展现出同一种形态，这样我们就建立了联系。

- **步骤五：寻找联系2——记好笔记，然后继续寻找其他关联结果**

或许不能立刻找到，但是肯定还有“uni=一个”派生出来的其他单词。比如你在路上散步的时候发现了“universal”，这个单词也是与“uni=一个”相关的，我们可以立刻将其记在笔记本上。

“建立联系”的具体示例：

1

uni=一个。

- unite=统一（许多事物联合为一个整体）。
- uniform=制服（大家统一着装，呈现出整齐划一的形态）。
- universal=普遍的（所有人的想法都是共通的、统一的）。

2

fine = 非常棒、罚款。

因为分界线是确定的，“没有超过这个分界线的”就是“非常棒”；因为确定了界线，所以“就此打住，以后不再发生争执”就是“罚款”。

- define = 下定义（de= 明确。明确确定界线）。
- infinite= 无限的，infinity= 无限（in= 无。没有界线 = 无限）。
- confine= 限制（con= 完全地。完全设定界线 = 限制）。
- final= 最终（al= 类似的。类似分界线一样清晰明了的终点）。

3

17 世纪，气候异常导致经济危机，各地战乱频发。

- 英国：清教徒革命。
- 俄罗斯：拉辛农民起义。
- 法国：福隆德运动。
- 西班牙：加泰罗尼亚独立运动。

“建立联系”，一起试试看！

【问题】

Q1：为什么日本以大米为主食？

Q2：印度咖喱饭馆里为什么会有馕？

Q3：“supermarket”中的“super”是什么意思？“supermarket”是“超级出色市场”的意思吗？

【回答】

A1：大米适合生长在降水量多的地区。因为大米热量高且利于储存，而日本降水量充足，所以日本大量种植水稻。

——除了日本，还有许多降水量丰富的亚洲国家也是以大米为主食。

A2：馕是由小麦粉制作而成。印度降水量少，不适宜种植水稻，而是以种植小麦为主。

——印度降水量少，适合种植小麦、棉花等适宜在干燥地区生长的植物。

A3：super是由superior这个英文单词而来，用于比较，意思是“更优秀”，因此supermarket就是“比传统市场更出色的市场”，即“超级市场”。

——superior 的意思是“更优秀”，并派生出“超过其他所有的，是最好的”的意思，因此有了“卓越的”意思。

高效学习要点 11

仔细观察日常生活中的点点滴滴，建立信息间的相互联系。

第2章 起点思维法

1. 了解记忆对象的背景

○ 概括能力是衡量聪明与否的指标

• 整理海量信息，进行简单概括

在上一章当中，我们讲述了“记忆力好”是聪明人的特征之一，随后我还与大家分享了提高记忆力的方法和技巧。

但是，聪明人不只是单纯的记忆力好。比如，遇到复杂问题或新闻报道时，有的人一句“简而言之”就能进行大意总结，想必大家也会认为这样的人很聪明吧。的确，具备简明扼要地进行总结和概括的能力，也是聪明人的特质之一。

上文中我提到，调查显示东大学子常说的排名第一的高频词汇是“为什么”，那么排在第二位的是什么呢？就是“总之”。

的确，东大学子往往将“总之”置于对话的开始，因此能够非常清晰且有条理地将信息传递给其他人。他们中还有些人可以做到在读完一本书之后，用一句话总结出这本书的中心思想。

在本章中，我们主要围绕“概括能力”展开讨论。

所谓概括，就是只抓住关键的信息描述或文章的中心大意，剔除所有与之无关的部分，简明扼要地进行说明的过程。实际上，概括能力与记忆力一样，都是可以通过日常生活的辨析能力锻炼得以提高的。

• 概括总结就是进行信息取舍的行为之一

一直以来，无论古今中外，全世界的人们都有一个共识，那就是：概括能力是衡量人聪明与否的重要指标。

大家在学习语言时，应该遇到过类似“请在下文总结文章大意的选项中选择正确的一项”“总结以下文章大意”等提问。事实上，这种提问是非常流行的，无论是在小学生考试中，还是在东京大学的入学考试中都经常出现。

除了国语，东大入学考试其他科目也会提出很多类似问题，例如，“总结这份日本历史资料的大致内容”“概括 17 世纪的世界总体特征”“归纳这一时代英国外交的特点”，等等。以上提问的目的就是全方位考查考生的概括能力。

概括能力是衡量人聪明程度的指标，这一观点，长期以来一直都是大众的共识。

那么，为什么概括能力能成为衡量人聪明程度的指标呢？答案是：概括总结就是进行信息取舍的行为。

比如，读一本很厚重的书，我们能否将书中几百页的内容全部记在大脑里呢？

想想也觉得不可能，东大学子也做不到这一点。上文我们讲记忆力好，不是指记忆容量大，因此，如此巨大的信息量是无法记忆的。

然而，事实上，东大学子可以记住多达几百页的教科书内容，阅读长达几千页的论文以做研究。那么，他们究竟是怎样做到的呢？答案无他，就是概括能力在起作用。他们**抓住了书中的关键信息，并能精准地进行记忆**。也就是说，他们在**无意**

识的情况下定位（概括）重点的能力十分出色。

• 东大学子通过关键词实现高效快速阅读

在第 1 章中，我们讲到了学数学的故事。东大学子不是记住 100 个数学公式，而是通过记住一个本质从而理解了这 100 个公式。正是因为掌握了探寻本质的思维模式，东大学子才能在数学科目上表现优异。

同样，他们还具备迅速**找到需要记住的中心主旨的概括能力**。这一能力，与快速阅读能力是密切相关的。大多数东大学子擅长快速阅读，无论是英语文章还是日语文章，都能短时、高效地阅读。

我们就他们的这种能力进行了相关研究，结果发现，他们在阅读时，大多是一边阅读一边标记文章中的关键词。在阅读过程中，他们会发现“原来这本书是围绕这个关键词表达中心思想的”，然后由此推理出“那么就只需要重点关注关键词周边的内容，自然就能够找到作者的想法”。

他们就是这样，先找出文章中的关键词，然后围绕关键词

日常辨析能力小训练 No. 7

Q. 日语中，食物也可以用“食料”表示。但是，很少见到用“食糧”这个词汇来表示。两个词在日语中读音相同，两者存在什么差别呢？

部分进行重点阅读，其他无关内容则全部省略。正是这种阅读方式，保证了他们的阅读快速有效。

书上已经画好了重点。我们再试试看，重新再读一遍这些重点，这样一来，我们就能很迅速地复习到书中的主要内容。**聪明人自然就具备了很快就能查找到所画重点的“识别能力”。**

高效学习要点12 **概括能力就是寻找“一个中心思想”的能力。**

○ 观察易忽略的关键内容

• 常常观察到人们忽略的关键内容

可能有人会很不自信，觉得自己没有什么识别能力，完全做不到有效地总结概括。事实上，不用担心，这种识别能力可以通过提高“对日常生活的辨析能力”来培养。

日常辨析能力小训练 No. 7

A. 日语中“食糧”指的是粮食，其他食物则用“食料”表示。“食糧”是指人类如果缺乏它就无法存活的食物，因此主要指的就是大米、小麦等。所以在日语中，粮食危机被称为“食糧难”。超市里卖普通食物的地方标注的是“食品专柜”，如果是“粮食专柜”，那么摆放的应该就只有大米了。

如何才能获得精准定位关键词的识别能力呢？答案就是简明扼要。**转变观察的视角**，就能简洁明了地做出总结。

这不是比喻，也不是夸张，事实就是如此。**东大学子总是能观察到人们忽略的内容，并能对其做出高度的概括总结。**

比如看历史教科书，大多数学生看书时不过是“啊，拿破仑做了这些事啊”“哦，1660 年发生了关原之战啊”，等等，关注的大多是可能会出现的考题，然后在这些内容下面画上记号并努力记忆。

但是，东大学子并非如此。通常历史教科书在每一章的最开始都有一个关于时代背景的介绍，这部分内容通常不是类似“古罗马时期是这样一个时期”“江户时期有这样一个发展背景”等考题中常见的具体知识点，而是阐述历史时期形成的背景知识。

东大学子非常熟悉事情的背景知识。大多数人对知识点的背景介绍往往都是粗略看一眼就过了，认为根本没有什么必须要记的知识点，而东大学子则是在对背景知识进行充分阅读后，才进入后面的正文资料部分。

日常辨析能力小训练 No. 8

Q. 中世纪欧洲的“猎杀女巫”运动在 17 世纪达到高潮，为什么是在 17 世纪？

当然，这种方法并不仅限于历史教科书的阅读。东大学子在听教授讲座之前，通常会调查一下教授的背景；在跟随教授进行学术研究时，会提前了解这位教授的学术历程等。这就像看一本书，不管是商务类读物还是漫画作品，首先看的就是封面、腰封、目录，然后才开始阅读正文。

换言之，**就是在进入正文阅读之前，首先调查相关前提和背景。**在听教授的讲座、看书的正文内容之前，首先需要去**了解和掌握“起点”的内容。**

• 东大学子追溯起点，探寻本质

我们继续讨论东大学子观察到的内容。

例如佩里的舰队进驻日本这一历史事件。在第 1 章中，我们介绍了找寻原因的思维方式。我们调查了 1853 年世界发生了怎样的变化，然后将 1853 年世界格局的变化与这一年前后的相关事件联系起来分析，通过这种方式找到这一历史事件发生的原因。

然而，19 世纪到底是怎样一个时代？如果可以**站在更为宏观的角度来看，我们也许又会有新的发现。**

我们调查一下 1853 年前后世界上发生的历史性事件，就会找到“1851 年伦敦召开了第一届世界博览会”。世界博览会是全球范围内展示各国经济实力和生产能力的活动，举办至今。各国通过博览会告知他国，“快来看，我们国家是如此发达”，同时也展示出人类社会的高度繁荣。

换句话说就是，18 世纪后半期，欧美强国工业生产能力高度发达，产业发展迅速，因此出现了工业革命，这一过程从 18 世纪中后期一直持续到 19 世纪中叶。欧美国家发达到什么程度？欧美都能制造军舰，制造出大量工业产品了，然后他们想要将制造出的产品卖到其他国家。这也正是美国要求日本开放国门，实行自由贸易的背景。时代发展决定了最终会走向这个方向，就是在这一方向的指引下，美国军舰进驻了日本。

如此想来，我们就会明白：**在背景知识中，有许多用单一因果关系无法解释的信息。**如果要深度解析某一事件，从中抽取重要的信息进行总结概括，我们就必须做到深入了解事件的**背景**。

当我们看书翻到佩里的舰队进驻日本这一页时，我们不仅要看这个历史事件，同时还需要进一步拓展思维，去挖掘当时究竟是怎样的一种世界格局，否则我们很难识别信息的重点。

日常辨析能力小训练 No. 8

A. 17 世纪的欧洲气候异常，经济发展停滞不前，进入了“危机时代”。因此，在这一时期，欧洲很多地区频繁出现战乱和农民起义，人们处于极度不安之中，因此“猎杀女巫”运动极为盛行。记住这一点，就能记住欧洲地区战争、动乱频繁发生的时间。

至于总结概括的过程，东大学子的操作方式其实非常简单。

- 在进入具体正文内容之前，先了解导致事件发生的历史背景。
- 在这一历史背景中，具体发生的事件处于怎样的地位。
- 在以上两个步骤中找出重点，像画重点线一样，观察要点、记忆要点、总结要点。

高效学习要点13 尝试搜集所有事件发生的背景。

2. 从起点入手，掌握事物的框架

讲到这里，可能大家会觉得大致上明白了，但是具体该怎么做呢？在此，我与大家分享一个“起点思维”的方法。

○ 事物都有对应的“起点”

• 所有事物的终点都有起点

大家有没有观察过河水？我喜欢河，经常到河边玩。我觉得，河流真的非常有意思，每一天的河流都不是完全一样的。有时候河水很浑浊，有时候河水很清澈，有时候河里的鱼成群结队，有时候则一条鱼影也见不到。

但是，河流的样子为什么会发生变化呢？就所观察到的现象，我们是无法说清楚的。

如果河流的上游地区发生降雨，那么下游的河水就会变得浑浊。如果天气晴朗，上游的水就很清澈，下游的水也会同样清澈。

如果要了解一条河的变化，我们的观察就不能局限于下游的河水，还要考虑上游河水的情况。

在第 1 章中我讲过“所有事物都是结果的呈现，一定有其背后的原因”。与之同理，**所有事物都是“终点”，其背后都隐藏着与之相应的“起点”。**所有情况，都一定存在着某种背景或前提。

概括能力强的人，就是掌握事物起点能力突出的人。

例如，做自我介绍时一般要介绍哪些内容呢？所谓自我介绍，其实就是将自己的相关信息总结、概括并传递给他人的一种行为。那么，我们该如何尽可能简短地进行概括，从而让对方了解我们呢？

日常辨析能力小训练 No. 9

Q. 在日本，学校整理队列时会喊“向前看”，这里的“向前看”指的是什么呢？

如果在自我介绍时总是絮絮叨叨地说一些细枝末节、琐碎的事情，比如昨天我干了什么、我做了什么工作等，这些零碎信息很难真正让对方全面了解你。因为这些具体细节只不过是“终点”，堆砌再多的具体细节也很难概括你的全貌。

那么，我们该如何进行自我介绍呢？在大多数情况下，人们会介绍自己的生平、经历等，比如来自哪里、有怎样的人生经历，基本上就是“如何成长为现在的自己的经历”。

在自我介绍中说自己因为“有这样的经历，所以才产生这样的思想变化”“由于在这里成长，所以选择了这份工作”等，会比较通俗易懂。当我们做自我介绍时，讲述自己怎样一步步获得成绩，其实就是在讲自己的成长历程，而这些才是关于“起点”的信息。

当然，“起点”的信息并不能原封不动地进行概括。比如，“我是九州人”就根本谈不上是概括。

但是，如果我们了解到这一背景，概括总结就会相对容易。“我是九州人，九州自然风景好，周围热心的朋友多，我

日常辨析能力小训练 No. 9

A. 日本日常教学中有很多活动都可以追溯到第二次世界大战之前。“向前看”和“早会”等原本都是军队里的日常活动，后来这一活动被推广到学校，直到今天，日本学校依然保留着这一习惯。很多文化现象和习惯最初的起源有可能令人想象不到。

在这样的环境下长大，所以性格开朗，积极向上。”像这样通过对背景的说明，我们就可以整理出自我介绍中所需的核心信息。

• 世界所呈现的现象都是事物的“终点”

如此想来，我们会发现，这个世界所呈现的全是事物的终点。

例如，新闻报道中“某国某学校的学生遭遇枪杀”的事件。只是说一句此次事件是由“犯罪嫌疑人乱枪扫射”导致，这种表述并不完整，也算不上准确概括。

如果将“乱枪射杀致死”视为事情的“终点”，那么事件的“起点”可以归结为“社会允许自由持枪”“移民犯罪率高”。与其简单地说一句“犯罪嫌疑人 A 导致了这一枪杀事件”，还不如概括为“持枪社会的枪杀事件”，后者明显是更合适的总结。这种概括总结，读者理解起来容易，自然就更容易记住这一信息。

新闻报道、文章、自我介绍，都需要概括总结。这个世界充斥着事物的“终点”，而我们在生活中却往往看不见导致事

情发生的“起点”。东大学子不同，他们可以看到我们平时看不到的信息，了解事件产生的起点，他们总是会通过“总而言之”进行思考，因此具有极强的概括能力。

高效学习要点 14 通过寻找“起点”，能够对所有事物进行概括。

○ 寻找起点的 4 个步骤

下面开始寻找起点，我们可以通过以下 4 步执行。

• 步骤一：寻找需要概括总结的文章，搜集需要了解的背景知识

在实践中，我们可以从图书、文章类的概括总结开始，待养成习惯后，再逐步深入日常生活中。

• 步骤二：寻找词语的定义

首先，我们尝试从词语的定义开始。我们经常说“名副其实”，的确，词语本身的含义是帮助我们追溯起点的捷径。

我们平时无论是写文章还是说话，对词语的意思只是了解个大概。为什么那个人要用那种语言表达，其中必然有某种原因，我们需要探寻词语选择背后的深层原因。

例如，我们阅读有关“世界史”的文章，就要思考“什么是世界史，该如何定义世界史”；听别人自我介绍时说到“九州人”，就要想想“九州到底是什么样的地方”；听到“主权国家体制诞生”，就得思考“什么是主权国家”。

这样的方式听起来似乎有点弯弯绕绕，但寻找事物起点的捷径归根结底只能从词语的定义本身开始。

• 步骤三：尝试寻找起点

我们先尝试找到事件的最初原因，就能通过大致框架理解整个事件并追溯起点。

比如听到“美国入侵了”，那么我们就分析一下“美国原本是怎样的国家”。当我们阅读时，文章中如果出现“最初”“本来”之类的词语，要特别关注。例如，文章中如果出现“社会学本来指的是……”我们就一定要认真仔细阅读。

当然，无论执行步骤二还是步骤三，都没有关系，我们只需要设定好“问题”，就能方便寻找到起点的关键内容。

日常辨析能力小训练 No. 11

在漫画和小说当中经常出现一个词“rival”，在日语中它表示“好对手”“劲敌”，但是在英语当中则是指“对手”“敌人”。“rival”这个词的词源到底来自哪里？

• **步骤四：寻找过程——思考事件发生前的状况**

在步骤二和步骤三的基础上，总结概括起点的信息。

例如，尝试概括一下“世界史是这样一门学问”“美国建国历程是这样的”等，此时的概括是关系到事件背景的重要信息，也就是“起点”。

掌握事件的起点后，就能进行总结概括了。

“寻找过程”的具体示例：

1

步骤一：哲学。

步骤二：哲学是什么？

步骤四：探寻世界以及人类社会本质的一门学问。

日常辨析能力小训练 No. 11

A. 据说“rival”一词，词源来自“river”。因为历史上，人们常常因为水源的问题发生争斗，“河流”往往成为人们争斗的起点，由此派生出单纯指“对手、敌人”的用法。此外，“arrive”表示“到达”，这个词也源于“river”。因此，“arrive”开始表示“到河对岸”，后来又延伸出“到达”这一意思。

2

步骤一：美国人佩里开着军舰进驻日本。

步骤三：当时的美国究竟是一个怎样的国家？

步骤四：1776 年美国建国，且刚刚赢得独立战争的胜利。19 世纪美国向外扩张，1848 年美国领土面积扩大到其西海岸。

3

步骤一：珍珠奶茶流行。

步骤二：珍珠到底是什么？

步骤四：珍珠的原料是木薯粉。珍珠奶茶起源于中国台湾地区。

4

步骤一：美国弗吉尼亚州发生枪杀事件。

步骤三：究竟为什么会出现枪杀事件？

步骤四：因为美国是没有枪支管制的“持枪社会”，普通民众很容易获得枪支。

“寻找过程”，一起试试看！

【问题】

接下来，我们尝试寻找“起点”，总结一下整个“过程”。

Q1：法国大革命是世界史上的重要转折点。

Q2：任天堂游戏机开始发售。

Q3：日本产业空心化进程开始。

日常辨析能力小训练 No. 12

Q. 高知县和香川县之间一直在交换某种“资源”。到了夏天，这种“资源”就会从高知县被运到香川县。你知道这种资源是什么吗?

【回答】

A1：

步骤一：法国大革命成为世界史上的重要转折点。

步骤二："大革命"究竟是什么？

——被统治阶级改变统治阶级权力结构的根本性变革。

"转折点"是什么？

——是造成某个事物发展或重大变革的重要契机。

步骤三：究竟什么是"法国大革命"？

——打倒绝对王权，成功实现市民主导的共和制的革命。

步骤四：一直以来的绝对王权到此终结，法国大革命是促使法国社会转变为由市民主导的共和制且持续至今的重大历史性革命。

A2：

步骤一：任天堂游戏机开始发售。

日常辨析能力小训练 No. 12

A. 答案就是"水"。因为香川县降水量少，所以需要从高知县的水坝引水。这个小训练的重点在于我们是否能正确理解"资源"的含义。资源，就是生产活动所需要的能源，当然，资源不仅仅包括矿产和石油，水和粮食也属于资源。不懂这个定义，就会去猜想：资源？是不是矿产？可见，语言含义是非常丰富的。

步骤二：任天堂游戏机到底是什么？

——任天堂发售的游戏硬件。

步骤三：究竟什么是“任天堂硬件”？

——游戏机的一种，它是针对个体充分享受游戏乐趣、为游戏软件所开发和提供的硬件。

步骤四：迄今为止，虽然市面上已经有多款游戏硬件，但是只有任天堂游戏机畅销（或许是因为这款游戏硬件有新的亮点？）。

A3：

步骤一：日本产业空心化进程加速。

步骤二：“产业空心化”指的是什么？

——日本大批企业将工厂设置到海外，导致日本产业发展走向衰退。

步骤三：为什么要将工厂设置到海外？

——海外劳动力价格低廉，同时还能享受税收上的优惠。

步骤四：人工费用低、税收优惠等方面的原因使得企业利润高，因此诸多日本企业将工厂转移到海外。

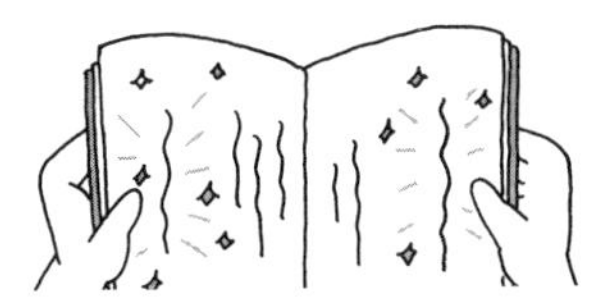

高效学习 要点 15

从最初开始了解过程，到最后掌握事物的总体框架。

3. 将终点与起点联系起来

○ 通过总结概括提高说服力

・将事物的终点与起点联系起来

通过“寻找过程”，我们就会找到河流的“起点”。但是，工作到此并未结束。

接下来，自然就是要将事物的终点与起点联系起来。联系终点与起点时所观察到的信息，就是总结概括的内容，然后言简意赅地进行说明。

例如，大家可能都知道“snack”指的是点心，估计大多数人会联想到袋装薯片之类的。但是，查一下字典就会发现，这个词的意思是“小吃”“便餐”“小点心”等。

日常辨析能力小训练 No. 13

Q. 众所周知，日本动漫、玩具等面向儿童的娱乐文化十分发达，这到底有什么样的背景？

上面我们已经完成了“寻找过程”，这一步操作就是要帮助事物找到“起点”。下一步，我们就能找到“snack”到底表示什么，并对其做个总结。

通过思考，我们来看看“终点”。想想如何将具体的“snack”和“小吃”“便餐”“小点心”联系起来。此时，我们就明白“snack”指的就是“分量较少的零食”。因此，“snack”就是指“小分量的点心”。

• 建立多项事物间的相互联系

但是，这里需要请各位注意：根据建立相互联系的对象的不同，我们可以做出不同角度的总结。

比如，美国经常用“snack”这个单词。当我们点餐要求来点儿“snack”时，通常端上来的是汉堡包或三明治一类的食物。在美国，“snack”不仅指小分量的零食，还指轻便的简餐。

类似这样，将具有“起点”意义的“小吃”“便餐”“点心”

日常辨析能力小训练 No. 13

A. 这其实和“压岁钱”“零花钱”有关。在欧美，父母一般不给孩子零花钱，孩子要什么东西通常会直接说，然后父母就会给买。但是，日本一直以来的传统是父母会给孩子钱，让孩子学会算账，目的是让孩子自己思考钱该怎么用。因此，孩子们喜欢的东西就卖得很好，从而不断促进了相关娱乐文化的发展。商家很少考虑如何获取大人的喜欢，而是更多地思考如何开发出让孩子觉得有趣的产品。

联系起来思考，就能确定“snack”就是指“分量少的食物”。和日本的点心联系起来，就是“少量”；与美国的用法联系起来，就是“简餐”。

前文中我们谈到了河流，这里再详细讨论一下。一条河流一定有一个起点，且会有多个不同的支流，也就是说，一个起点不可能只有一个支流。

我们还讲到工业革命这个起点，并与其造成的结果（即终点）——佩里的舰队进驻日本联系起来进行了说明。除此之外，工业革命这个起点还带来了世界博览会的召开、环境破坏，以及至今悬而未决的劳资矛盾问题等不同的“终点”（支流）。

·东大学子标注重点的地方相同

总结概括这种思维方式也适用于阅读书籍。

东大学子擅长大意概括和快速阅读，而且，他们通常会在书中相同的地方画线标注。到底是哪些地方呢？就是书和文章的开头与结尾部分。

为什么是这些地方？因为无论什么文章，基本上都是从以

日常辨析能力小训练 No. 14

Q. 时钟转 1 圈是 12 个小时，1 打是 12 个，历法中有 12 地支，1 年是 12 个月，1 天是 2 个 12 小时，1 小时是 60 分，60 是 12 的 5 倍。为什么常常出现“12”这个数字呢？

下问题开始的：

• 为什么要写这篇文章？

• 要说明的概念究竟是什么？

如果是哲学类的书，就会从“什么是哲学”开始。本书同样，在“前言”部分介绍的就是写书的原因。

至于文章的结尾部分，通常情况下是这样的结构：

• 这篇文章的结论是什么？

• 希望通过本书读者能够做到什么？

开始的部分就是水的“起点”（源头），结尾部分则是下游的“终点”（结果）。我们只需要在这两个重点部分做出标注，因为文章的主体必然是围绕“起点”和“终点”的联系展开说明的。文章主体就是连接上游“起点”与下游“终点”的“过程”。

高效学习要点16　**将当前事物的“终点”与“起点”联系起来概括总结，通俗易懂。**

日常辨析能力小训练 No. 14

A. “12”这个数字之所以出现频率这么高，是因为它“可以整除”。比如，10个苹果，3个人分，就会多1个；4个人分，就会多2个。在很多情况下都能整除的数字，有利于我们数数字或者处理数字问题。“12”可以整除很多数，2、3、4都可以。而且，能够整除这么多数的数字，从1到19，除了12，再无其他。“12”这个数字用起来极为方便，因此常常被用于很多领域。

○ 概括总结的 4 个步骤

概括总结主要分为以下 4 步：

·步骤一：完成寻找发展过程的部分，尽可能做好笔记

·步骤二：寻找起点，在寻找发展过程中发现起点，抽取其中的关键词

抽取关键词的原则是抽取单词层面看起来重要的词语，例如“美国独立战争”“本质”“经济发展”等，尽可能多选几个词。

总结文章大意时，所有关系到起点的内容，例如在书名、目录、封面上可以读取到的关键词，都要列举出来。

·步骤三：拼接组合，分析关键词和需要总结的部分，建立两者之间的联系。

从多个角度分析列举出来的关键词，想一想哪个关键词是最重要的，找一找有没有与想要概括的内容相关的信息。

此时，很重要的一点是要尝试写成正式的文字记录。如果这一步可以顺利完成，下一步概括总结就能很容易地做到了。

总结文章大意时，标注文章中的关键词，仔细阅读关键词周边的信息，理解关键词所表达的信息。

- **步骤四：概括总结，在运用相关的关键词说明源头的同时，陈述事实**

在步骤二和步骤三的基础上完成对源头的说明。如果说明时所用关键词，对方就算完全没听过也能立刻领会到，就可以算得上是完美的概括总结了。

总结时需要注意的是，省略具体事例和数字等。概括总结时务必抓取重要信息，要高度抽象概括，抽取最本质核心，不要具体事例。唯有如此，才能培养我们的识别能力。

“概括总结”的具体示例：

1

步骤一：

在工业革命中，各国通过推动技术革新实现了工业化，促进了资本主义经济的发展。

步骤二：

“技术革新”“工业化”“资本主义”。

步骤三：

技术革新：蒸汽机等技术的发展实现了产品的大量生产。

工业化：工业产品大量生产，为了产品出口，各国向亚洲各国寻求贸易往来。

资本主义：通过金钱推动经济发展的活动。

——工业化生产导致大量产品过剩，技术革新实现了批量生产，产品出口促进自由贸易发展。以上活动刺激了经济发展，促进了资本主义经济的发展。

2

步骤一：美国弗吉尼亚州出现一名乱枪射击的男人。

——因为美国没有实施枪支管制，属于“合法持枪社会”，普通民众都能轻易获得枪支，这是导致美国枪杀事件多发的根本原因。

步骤二：“普通民众”“持枪社会”“乱枪杀人事件”。

步骤三：持枪社会：允许自由持枪的社会。在日本，普通民众禁止持有枪支，欧美社会则不同，尤其是美国，大约 1/4 人口自由持有枪支。

乱枪杀人事件：允许自由持枪社会经常发生乱枪杀人、杀人未遂等恶性事件。美国每年都有超过 1.1 万人因枪杀而死亡，这一数字相当于凶杀和过失致人死亡人口总数的 2/3。

步骤四：因为持枪社会允许自由持有枪支，所以导致枪击案件发生。

“概括总结”，一起试试看！

【问题】

Q1：法国大革命之前法国是绝对王权，至法国大革命终结，这次重大的历史性变革使法国走向由市民主导的市民社会体制并维持至今。

Q2：产业空心化是因为海外劳动力价格低廉、税收优惠政策且利润高，因此诸多日本企业将工厂迁至海外。

【回答】

A1：

步骤一：“绝对王权”“市民社会”。

步骤二：绝对王权：国王拥有绝对的权力，对市民拥有绝对控制权。

市民社会：市民成为主导，由市民代表统治社会。

步骤三：法国大革命就是绝对王权社会向由市民主导社会转变的历史转折点。

A2：

步骤一：“劳动力费用”“税收优惠”。

步骤二：劳动力费用是指雇用劳动力所需要的费用。发达国家人工费用高，发展中国家人工费用大多较低。

税收优惠：企业向国家缴纳的、以法人税为主的一系列相关税收，享受减免优待政策。

步骤三：产业空心化就是海外工厂大多能够提供更低廉的劳动力、更优惠的税收优惠，因此大量企业外迁到海外，导致日本本土产业发展低迷。

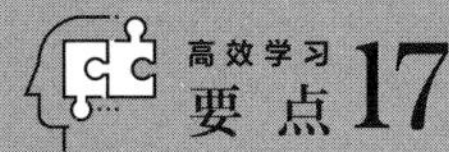

总结时省略具体事例和数字，只保留抽象的本质核心内容。

第 3 章 目标思维法

1. 根据对象选择表达方式

在前文中，我们特别提到聪明人所具备的两种能力：记忆能力与概括能力。

我认为与进入社会后的工作实践相比，这两种能力在做学问、促进学习等方面发挥的作用似乎更大一些。

因此，我在本章将稍微改变一下关注的方向，与大家分享一下社会实践中必不可少的技能：表达能力。

○ 聪明人表达能力强

大家知道我们在什么时候需要进行说明吗?

与思考问题相比，我们需要向他人进行说明的情况相对更多一些。我们在安排工作或者表达意见的时候，就是在进行说明，比如“这部分先这么做”“那里因为什么”等。

演讲也是如此。我们将自己大脑中的想法通过语言表达出来时，其实就是在转换视角进行说明。

“表达”指的是什么?不是其他，就是指说话。当我们向某人陈述某个事件时，其实就是在向他人表达自己的思想。

人们往往会觉得**会说话的人就是聪明人**。每当看到这些口齿清晰、快速表达看法的人，我总是十分感慨:“这个人反应真的好迅速。”

会说话，其实就是会表达，从这个角度而言，**聪明人往往表达能力强。**

这里顺便提一下，东大学子其实有许多有趣的故事。“和只知道埋头学习的人无法交流”这种认识，完全是人们的偏

日常辨析能力小训练 No. 15

Q. 这是一个与手机相关的问题。2007 年，全世界铅的消费量比生产量高出 2.2 倍，那么为什么消费量比生产量还高出 2 倍多呢?

见。东大学子中有许多沟通能力很强的人，由此可见，他们的表达能力也是十分出色的。

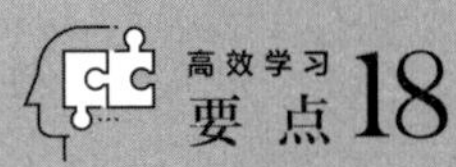

会说话的人表达能力强。

○ 结合对方熟悉的信息说明

• 表达能力强的人的主要特征

我们如何才能具备好的表达能力呢？

各位读者看到这里或许已经有了自己的答案吧。是的，这也是可以通过日常生活辨析能力的差异来进行解释的。

表达能力强的人、会说话的人到底有什么过人之处呢？到底是哪方面表现出色，才能做到陈述时让对方清楚明了地获取信息呢？

说到会说话的人，我脑海里立刻就浮现出了一个人。这个人就是史蒂夫·乔布斯，一个通过一次演讲就将智能手机这样

日常辨析能力小训练 No. 15

A. 更换手机时就会涉及回收旧手机，主要是对零部件和矿石进行再利用，以方便制造新的手机。也就是说，用过一次的铅可以被再利用，以制造新手机。因此，消费量自然就远高于生产量了。

一个“改变世界”的机器推销出去，并让智能手机热销全球的人物。听了他的演讲，全世界的人都觉得自己需要买一部智能手机。

史蒂夫·乔布斯的演讲精彩之处到底在哪里？答案就是他编织的“谎言”。这个“谎言”非常明显：他将智能手机解释为“手机”。

智能手机当然也具备手持电话的基本功能，但是，这并不是其本质功能。我们并不是只用智能手机打电话，我们还用它搜索网页、操作应用程序、玩游戏、发电子邮件……智能手机的本质就是电脑，就是可随身携带的微型电脑。

乔布斯将智能手机定义为“手机”，为什么？因为手机是大众早已熟知的概念。

或许有人会问：“电脑？有必要做这么小吗？”还会有人感叹：“原来是手机呀！哦，我一直想什么时候再换一个呢。”经过乔布斯的解释，人们就会想购买这款新手机，以替代之前的旧手机了。然后，人们被智能手机的各种便捷之处所吸引，智能手机也很快在全球范围内开始流行。

- **结合对方熟悉的信息进行说明**

人们往往很难理解一个全新的事物。如果是自己熟悉的事物，在此基础上再进行部分的想象，也许能够理解。但是，事物**如果距离自己的认知范围比较远，甚至完全无法想象，人们就很难理解**。因此，乔布斯在演讲的时候将智能机定义为“手机”，这一概念时至今日依然得到人们的广泛认同。

那么，我们回到最开始的问题：表达能力强的人到底有什么过人之处呢？那就是，他们能够**将自己的意见与对方熟悉的内容成功结合起来。**

归根结底，人无法理解超越自身认知的事物。只要是自己不熟悉的领域，无论对方怎样解释，人们依然理解不了。

表达能力强的人通常十分清楚这一点，因此，他们在与人交流时，能够**结合对方熟知的领域表达自己的看法。**

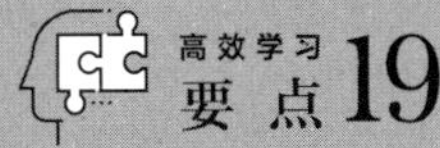

只有结合对方已知的信息进行说明，才能实现有效沟通。

日常辨析能力小训练 No. 16

因为“限时抢购”而冲动消费，这种体验估计大家都有。“就现在便宜”“只能现在买”这样的话术，让人心动。的确，我们看到有“限时抢购”的标签，就想要去买，为什么会这样呢？

○ 用类比法理解未知事物

• 人类只能通过掌握的已知去理解未知

在闻所未闻的领域，在完全没有相关知识储备的情况下，人们完全无法理解一个全新的事物。在这一点上，再聪明的人也不例外。

尽管如此，人类依然能够掌握许多知识，这又是如何做到的呢？答案就是：**人们是通过自己已知的信息来了解未知事物的。**

例如，在第 1 章中，我们讲到“unite”这个单词的意思是“统一”。我们还讲到“unite”就是 United States 的“unite”，其他含有“uni”的单词还有“unique”“uniform”等。不认识“unite”的人，如果理解“uni”的基本含义，就会明白“unite”的含义。

然而，如果我们从未见过“United States”“unique”“uniform”这几个单词，那么又该如何呢？在这种情况下，我们只能下定

日常辨析能力小训练 No. 16

A. 人类普遍存在一种心理，即非常抵触自己“被剥夺选择权”。“限时抢购”其实就是在说后面就没有选择了。对于可能失去的选择，人们会觉得比较稀缺，就会想要去买。当然，用“稀缺原理”也可以解释。不过，掌握这种心理对大家也是有好处的。

决心，把“unite=统一”先死记硬背下来。

人类就是这样，在“已知”信息的基础上，才能理解“未知”事物。

面对未知的事物，我们可以先结合已知的事物进行思考；反之，如果不结合已知的信息，我们将很难接纳未知的事物。

如果思考时不结合已知信息，不管是我们想了解某个事物还是想向别人表达某个想法，一开始就注定都会失败。

• 理解能力是创建已知与未知之间联系的能力

在创建已知与未知之间联系的能力方面，东大学子表现优秀。

当遇到教授的讲座主题高深或聊到他们一无所知领域的话题时，东大学子通常会结合自己已有的知识去理解，例如，“啊，那个故事和这个故事有点相似啊”“我好像在之前读过的书上看到过一个相关内容”，等等。

在未知和已知之间找到联系，理解就会更加快速高效。

比如，很多人觉得英语单词很难背，东大学子记英语单词时往往有他们独到的方法。

方法很简单，他们就是将日常生活中随处可见的英语单词结合起来记忆。在第1章中，我们从“Colonel Sanders”的名字讲到了“colonel”头衔的含义。事实上，我们常常用到很多英语单词，但是自己却没有觉察到。

例如，我们将公交车或电车的终点站称为“terminal”。此外，电影 *Terminator*（《终结者》），大家可能也都知道吧。这两个英语单词有个共同点，就是都有“term”。在第 1 章中，我们分析了“term”的本义，就是“限定范围”。因为公交车和电车都只能在固定的范围内行驶，因此用“terminal”来表示终点站；通过宣告人类历史结束来限定范围，因此电影名就叫“*Terminator*”。

怎么样，可能你听到“term”这个单词还没反应过来，但是这两个单词联系起来一起记，是不是就恍然大悟了？

实际上，日本人在日常生活中每天会接触到至少 1000 个英语单词，而且很多按照日语发音的外来词就源于英语单词，如 terminal、terminator、unit、snack、order、free、exit 等。

看到一个不认识的英语单词，东大学子首先会去查找有没有日常生活中常用的类似词语，通过这种方式建立联系，从而快速理解掌握。而且，由于日常生活辨析能力强于普通人，东大学子理解并掌握单词的速度要更快一些。

• 表达能力强 = 举例贴切恰当

我们要陈述的内容，于听者而言就是未知信息。那么，为了让“未知”变成“已知”，交流时就需要与“对方的已知信息”建立联系。如此一来，对方就能很快理解我们所表达的意思。

如果告诉我们一个完全陌生的名字，我们是很难了解这个人的。

听到别人提及“那个某某某”时，我们想到的只会是“那个某某某是谁呀？”但是如果说：“那个某某某，和你认识的某某某长得特别像……”我们就会有个初步印象：“哦，原来是和某某某长得相似的人啊。”

最方便理解的说明，就是打比方。

爱因斯坦在向孩子们解释自己的相对论时，据说是这么说的：“你有没有觉得，和自己喜欢的人在一起时，即使说了一个小时的话，也感觉好像只是瞬间发生的事情。这就是相对论原理。”

像这样，为了让对方轻松理解我们的意思，我们需要举例说明，而且例子要浅显易懂。举例时，**不要用抽象晦涩的表达，而要选择大家都有过的亲身经历；不要用讳莫如深的概念，而应该选用大家都熟悉的简单事例。**

表达能力强的人通常善于举例说明，而且，聪明人举例子时毫不费力，随手拈来。

与他人交谈时，聪明人听到对方讲的内容，通常能迅速反应并做出反馈：“具体说来就是……”当聪明人告知他人某个信息时，往往会举例说明：“你看，不就是这么一件事吗？其实这件事就是……”他们擅长举例说明。

总之，可以总结如下：

- 对某个事物的理解，人们往往需要建立在对自己已知信息的基础之上才能实现。
- 向他人进行说明解释时，需要创建“对方的已知信息”与“自己要表达的未知信息”之间的联系。
- 举例要举典型事例。举例恰当，表达效果才会更好。

要锻炼、提高表达能力，方法就是从现在开始，学会目标型思维。在向他人传递信息的过程中，寻找恰当的例子进行说明，是目标型思维的一种表现。

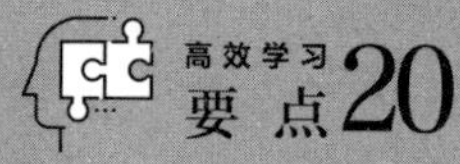

举例时选择对方已知领域进行说明，有助于实现高效沟通。

2. 寻找目标，明确自己该说什么

○ 目标优先于技巧

在继续讨论提高表达能力的技巧，分析目标型思维之前，先问大家一个问题：与“目标”相对的词语是什么？

答案是“手段”。为了实现某个目标而采取的行动，就是手段。

目标型思维，就是要把事物的目标和手段分开看待。我们需要思考采取怎样的行动才能更快实现目标，我们所采取的手段是不是为达到某个目标而服务的。这就是目标型思维。

· 东大学子目标明确

接下来的这段内容，乍看可能与表达无关，甚至还让人觉得有些唐突，但是，你很快就会发现它与表达之间的联系。请大家耐心阅读以下内容。

个人经历告诉我，东大学子在目标型思维上表现尤其出色，正是因为东大学子做任何事情都有明确的目标，所以才能获得成功。

或许有人会问：“目标？他们的目标和我们的有什么不同？”

东大学子对目标的辨析能力和普通人有很大不同。

例如，大家都想上东大，那么我们首先要做什么？是先埋头学习，还是先调查东大的情况呢？

对于这个问题，东大学子的答案基本上是统一的。几乎所有的东大学子在设定目标之前都会做调查，比如，东大入学考试大概多少分合格，每门科目的及格分是多少。

而且，他们设定的目标也十分具体，比如，“英语想拿 70 分，那么 1a 得 6 分，1b 得 8 分，2a 有点难，但至少也得拿

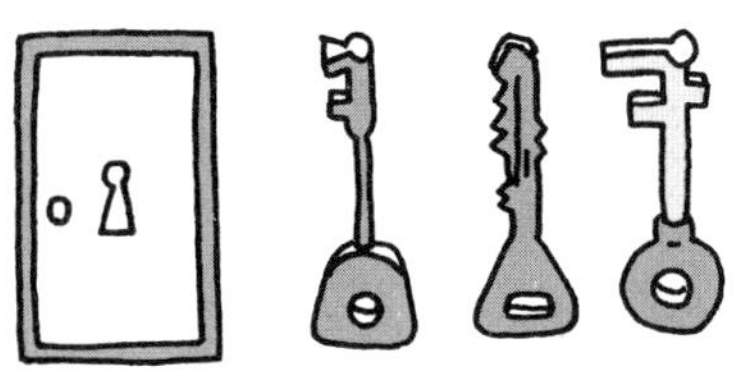

到 10 分，还需要再拿下 51 分……”然后，他们会围绕这一目标采取行动，例如，1a 的概括总结问题要拿分，需要某本参考书。

我在东大求学这么长时间，至今从未遇到没有设定清晰分数目标的东大同学，东大学子几乎都是这么做的。

即便是在日常生活中，聪明人的目标也非常清晰。他们不是定“我要提高数学成绩”这么一个宽泛的目标，而是具体到“下次数学考试，争取偏差值提高 5 分，总分提高 15 分；争取微积分部分多提点分”；不是“我要学会做饭”，而是“在一周后的朋友聚会之前，我要争取学会做 5 道菜，争取达到普通水平”。

在设定目标时，聪明人设定的都是能够落实到行动上的具体目标。

· 目标越具体，执行越容易

所谓方便执行的行动，其实就是手段简洁明了。

如果目标是“想要提高数学成绩”，那么到底要做多少练习题才能实现目标？这个目标不具体。但是，如果是“下次考试，要实现偏差值提高 5 分的目标，具体要在某些类型题目上拿分”，这样自己就会非常明确到底应该做什么，实现这种具体目标也相对容易。

而且，在采取行动时，我们要考虑“现在做的事情是否与我的目标一致”，这样可以避免做无用功，比如，“想把数学成绩提高 15 分，那么目前的学习方法是不是作用不大呢?”不断反思，才能始终保持行动与目标的一致性。

很多人只是粗略定个目标，只关注手段。

“提高数学成绩，首先看看这本参考书”“要提高营业额，暂且先与客户多联系”。目标不够清晰就采取行动，到最后就会发现只是努力在执行某个过程，而忽略了目标本身。

总是想着“先看看这本参考书”“先打 100 个电话”，虽然采取行动了，但是行动的结果却与原先设定的目标无关。这种情况的确经常发生。

在第 1 章和第 2 章中，我们讲到大多数人总是关注事物的结果和终点，但是，真正最重要的是事物的原因和起点。这里我们讲的是不能只关注手段，更重要的是采取必须始终为目标服务的行动。

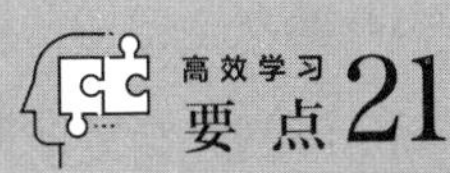

不能只局限于技巧，应该重点关注目标。

○ 明确要表达和传递的观点

• 掌握信息才能明确技巧

话题或许绕得有点远了，事实上，我们只需要明确目标就可以增强表达的效果。

在关于表达的内容里我们谈道，交流时将“对方已知的信息”和自己想传递的“对方未知的信息”结合起来，就能达到比较好的效果。此时，“对方的已知信息”是手段，传递出“对方未知的信息”才是目标。

换言之，如果我们彻底掌握了要传递什么信息，自然就知道采用什么技巧了。所以，先考虑表达的方式，其实并没有什么意义。

例如，我们向别人推荐自己看过的电影，如果只是告诉对方“里面的镜头太棒了”“这种描写太好了”这类局部信息，完全无法表达出电影的精彩之处。与其这样，还不如直接介绍这部影片是怎样一部影片，介绍整个故事情节，这样宣传效果反而更好；与其介绍“这部电影里的主人公特别可爱”，不如直接说“这是部讲述纠结缠绵的浪漫爱情故事的电影”，后者让听众一听就了然。

我们在与他人交流时，总是过于注重内容细节，例如“这个小插曲应该很有趣”“如果能加入这类故事应该会更受欢迎”等。但是，这些其实只是“技巧”，技巧应该排在第二位，我

们首先应该考虑的是“目标”。我们需要用一句话做总结，告诉听故事的人、读书的人我们表达的目标是什么。

“目标”必须优先，“技巧”则在其次。只要目标明确，手段自然随手拈来。无论是传递信息还是其他什么目标，道理都是相通的。

• 没有目标的类比没有意义

例如，你想到了一些非常浅显易懂且有趣的例子，而且还知道很有意思的杂学知识，但是，如果这些例子没有在恰当的时机用出来，就没有任何意义。再生动有趣的例子，如果用的时机不对，只会让听众一头雾水，不明所以。

比如，我自豪地介绍：“大家知道吗？圣女贞德最初是被视为异端和女巫并被处以火刑的，她是在500年后才被封为圣女的！”这样的介绍会让大家产生“是这样吗？”“为什么呢？”等疑问。

这个问题与举例的趣味性、杂学知识的内容质量、讲解时的难易程度都没有关系。所有的举例说明，都是为了实现信息

日常辨析能力小训练 No. 17

Q. 看到总是面带笑容的人，我们也会开心起来；相反，看到愁眉苦脸、泪流满面的人，我们也会伤心落泪，这样的事情时有发生。为什么情绪会传染呢？

有效传递这一目标。

• 想提高表达能力必须理解“目标 = 标题”

“道理都懂，就是不知道怎么操作。”或许有人会有这样的感受。方法非常简单，我们只需给自己的发言确定标题即可。

标题，就是提示下文要讲述的内容，它发挥着旗帜般的指挥功能，它就像一句宣言：下面，我们要讲这个话题。

进一步深入思考，发言的标题其实就是明确我要讲什么。因此，一开始我们就需要立起“标题”这面指挥的旗帜。

例如，我们讲圣女贞德的故事时，立的标题就是“不要太在意别人的评价”，然后再举贞德的例子，“贞德在死后 500 年才被封为圣女。人们的评价往往会伴随着时代和文化发展发生变化，所以不要花太多精力去关注他人对自己的评价”。按照这样的方式讲述，应该就会让很多人产生共鸣。

一开始就确定好了标题，发言时才会重点突出。需要注意的是，先后顺序不能错。首先需要确定标题这样的目标，然后

日常辨析能力小训练 No. 17

A. 人类总是无意识地去配合他人的情绪，心理学上称之为“镜像效应”。经常与抑郁症患者交流的心理辅导员往往也容易得抑郁症，原因就在于此。因此，如果想让对方开心，那么我们自己首先要快乐。同理，如果自己心情郁闷、情绪不好，就尽量避免和同样情绪低落的人见面。

再选择恰当的手段来执行。

简而言之，就是在讲任何内容之前，都需要给内容确定标题。

我经常使用在线记事本。每次做记录的时候，我都会给记录的内容注明标题。一般用在线笔记本的人，都听说过一句话："在线记事本，九成靠标题。"再精彩的内容，如果不能通过标题来理解，很难吸引读者。

同时，注明标题所使用的技巧，就是寻找目标。

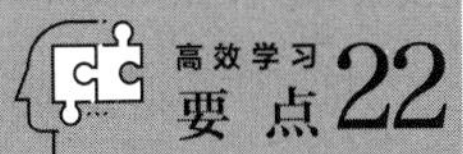

通过确定标题来指导发言内容，有助于听众理解。

○ 寻找目标的 4 个步骤

寻找目标，需要按照"终点"—"大目标"—"具体目标"的顺序，分以下 4 个步骤进行。

• 步骤一：记住想要讲的内容

首先，我们需要记住想要传递的信息。这一步无须深入思考，只要大致确定要讲的内容，就没有什么问题了。

• 步骤二：标出终点——思考哪个信息传递到了就该结束了

这一步考虑的是终点的问题，比如，"对方明白这一点就可以了”“为解决这个问题，我想这么做”等。我们最想表达出的信息就是“终点”。

- **步骤三：选择目标——从想达成的大目标开始倒推，思考需要传递的内容**

我们要从终点倒推，思考大目标，即为达到终点我们应该传递哪些信息。

- **步骤四：确定具体目标——在大目标中添加基于数字的小目标，并设定具体细节，规定期限**

步骤三已经设定了目标，步骤四需要将目标进一步具体化。其中一个有效的手段就是设置具体数字，量化目标。例如，如果最终目标是“要让所有人知道”，那么具体目标就可以设定为“让一万人了解”（或者“浏览人数达到一万”）。

“寻找目标”的具体示例：

1

步骤一：想写篇关于“他人的评价”的文章。

步骤二：终点——表达“过于关注他人评价没有意义”的观点。

步骤三：目的——介绍“人们的评价后来发生变化的名人事迹”。

步骤四：目标——找出 3 个以上“人们的评价后来发生变化的名人事迹”作为备用案例。

2

步骤一：想写篇介绍自己大学生活的求职文章。

步骤二：终点——传递“通过各种活动获得了自身成长”的信息。

步骤三：目的——介绍与自身成长相关的事例。

步骤四：目标——找到 2 个以上促进自身成长的事例，结合自己积极参与的活动进行叙述。

3

步骤一：想写篇关于智能机应用于学习的文章。

步骤二：终点——表达对智能机影响学习这一观点的反对意见。

步骤三：目的——介绍智能机应用于学习的优势以及具体方法。

步骤四：目标——列举 3 个智能机应用于学习的优势，介绍 3 个智能机学习的具体方法。

事实上，寻找目标并不仅仅适用于传递信息，而是可以应用于很多领域。想一想，现在自己所做的事的终极目标是什么？如何实现这个终极目标？通过寻找目标，提高日常生活的辨析能力，很多事情就会迎刃而解。我们一起尝试一下吧。

日常辨析能力小训练 No. 18

Q. 大家发现了吗，在便利店，经常会看到一些便当价格很高。其实，销量最好的是 500 日元的便当，那为什么还摆放 1000 日元的便当呢？而且明明也没什么人买。同样，在很多商店里也会看到很多价格贵到让人怀疑没人买的商品。这究竟是怎么一回事？

“寻找目标”，一起试试看！

【问题】

Q1：要写一篇解释迟到理由的文章，我们需要仔细思考怎样设定“终点”“目的”“目标”。

Q2：赠送他人礼物时，选择蘑菇还是竹笋，我们需要思考，该怎样设定“终点”“目的”“目标”。

【解答】

A1：

终点：向对方表达出自己真诚的歉意。

目的：说明自己迟到的理由，避免以后同样事情发生的可行方案。

目标：说明自己迟到的 3 个原因，列举 4 个杜绝迟到的可行方案。

日常辨析能力小训练 No. 18

A. 因为有了价格高的商品的对标，价格低一点的商品就会卖得很好。1000 日元的便当也许无人问津，但它依然必不可少。

A2：

终点：送竹笋好还是送蘑菇好，表达自己的意见。

目的：说明蘑菇与竹笋两者各自的优势。

目标：列举 3 个以上两者比较之后各自的优势。

高效学习 要点 23

确定目标时要尽可能量化，有助于将目标落实到行动上。

3. 选择技巧，让表达通俗易懂

○ 将目标与对方已知信息结合

· 人类很难理解复杂事物

在寻找目标前先想一想我们要表达的内容。这一步相当于将要传递给对方的未知信息进行一次整理。

接下来，就是选择手段，也就是在对方的已知领域与我们的目标之间建立关联的思维方法。

在此之前，我需要强调一个观点，那就是“人类其实是愚钝的”。

大家可能会觉得奇怪，为什么我会突然得出这个结论。但是，我个人深感它的确是真理。

经常有人和我说他们在与人交谈时会出现沟通障碍。很多人很烦恼，想不通为什么对方听不懂自己的意思。我常常告诉他们这是事实。

导致沟通障碍的原因归结为一点，就是我们高估了交流对象的理解能力："这么简单的问题，应该听得懂啊！""这么常见的情况，当然应该知道啊！"

我们往往容易对听众评价过高，事实上，这也是东大入学考试失败的人容易掉入的陷阱。

东大入学考题基本上都是论述题，因此答题的关键就在于能否将自己的观点用通俗易懂的语言表达出来。此时，有不少同学常常犯一个错误，就是高估阅卷者的理解能力，他们觉得自己在文章中写的那些自认为很简单的事，阅卷者也一定能明白。

例如，2012 年的一道东大入学考题是："如果你能够读懂

日常辨析能力小训练 No. 19

明治维新以后，日本人的平均体重逐年增加。与江户时代相比，体形臃肿的人数明显增加，相扑大力士的体形也比以前庞大。为什么会这样呢？

人心，将会出现什么情况？请用英语作答。”看到这个问题，我曾经教过的一个学生是这么回答的：“世界将迎来和平。为什么呢？因为将不再会发生战争。”

大家明白这个回答的意思吗？我是不太明白。

他是这么解释的：“因为世界上的纷争大多数是因为不知道对方会采取什么样的行动才产生的，明明没有敌意但是说出来却没有人相信。还有些国家撒谎，所以才会发生战争。所以，你看，如果能读懂人心，就自然不会发生战争啦。”

· 人的思维并不相通

他的意思其实并不难懂，但是这种回答用在东大入学考试中肯定得0分。为什么呢？因为认定读者“懂了”这样的表达太多了。

从“能读懂人心”到“战争消失”这个逻辑，读者是没听过的，而且是不熟悉的。他的回答对读者期待过高，认为读者也能和他一样进行同样路径的推理，因此他得分不高。

日常辨析能力小训练 No. 19

A. 事实上，江户时代的日本人几乎不吃肉，而是以蔬菜为主。明治维新后，受到西方文化影响，吃肉的人开始增加。而且，饮食中加糖、相扑大力士专供的“相扑火锅”，都是在这一时期出现的。饮食西方化导致日本人的体形也发生了变化。

如果他的回答按照“因为能读懂人心，所以人们就无法说谎”这个逻辑，对方理解起来应该更容易。因为“读懂人心”到“不能说谎”中间的逻辑很好理解，再读到后面，读者自然会明白他要表达的意思。再详细一点的解释就是，如果是按照“能读懂人心”—“不能撒谎”—“战争消失”这样的逻辑顺序展开论述，就不会出现沟通上的障碍。

人们通常比较容易理解从 A 到 B 再到 C 这样一种循序渐进的常规逻辑表达。如果直接从 A 到 C，出现逻辑跳跃，那么即使告诉他们 B 这层逻辑可以自己推理出来，这个复杂的过程也是很难完成的。

B 这一步绝对不能省略。B 是引导 A 到 C 这一推理成立的过渡环节，我们在解释说明某事物时，是绝不能省略这一逻辑过渡的。

之前我曾提到，人们往往很难理解未知事物。只有找到与已知事物之间的联系，我们才能理解未知的事物。

同样的道理，人们很难理解复杂的事物。在表达观点时，我们必须时刻记住这一点。说得再极端一点，只有把所有的人，包括我们自己，都当成傻瓜，我们的表达能力才能提高。

希望大家能够正确认识一点：沟通中出现的障碍往往是表达过程中的思维跳跃造成的，而不是所要表达的目标本身复杂难懂。

复杂的概念也好，难以解释的事情也好，只要我们仔细地一步一步解释，一定能够表达清楚。但是，如果我们在表达时存在思维逻辑跳跃，期待对方一下子就能理解是不太可能的。

•“例如”就是在执行“B”这一步骤

那么，要想毫不费力地准确传递信息，该如何提高表达能力呢？答案依然是：对日常生活的辨析能力。

通常情况下，我们将自己看到的事物与之前所确定的目标结合起来，就能够做到用通俗易懂的“例如”进行说明。

例如，我们形容一个东西很庞大，可以用“几个东京巨蛋[①]”的大小来说明。当别人告诉我们1000平方公里、10万公顷这些数据时，我们完全无法想象出具体的大小。正因为如此，我们可以用一目了然就很庞大的物体来“举例”说明。

当然，这样做的一个前提是需要认识到：复杂的事物人们很难理解。如果我们举的例子不是大家熟悉的或经常看到的事物，就很难理解。

我们在前文中提到从A直接到C会出现沟通困难，只有从A到B再到C，才能实现有效沟通。用大家在日常生活中常见的事物举例，就是在A和C之间建立B这一通俗易懂的过渡环节。

如何建立这个过渡环节，我们需要学习一下“选择技巧”。

---

① 东京巨蛋，是位于日本东京的一座大型体育馆。——编者注

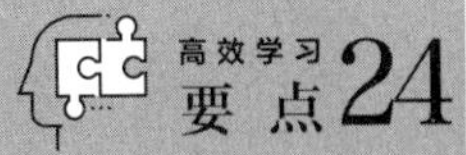

表达观点时思维逻辑跳跃，会导致沟通障碍。

○ 选择技巧的 4 个步骤

• 步骤一：明确目标——明确清晰的语言表达目标

• 步骤二：目标分解——抽取目标中的关键词，可能的话尝试图解说明

• 步骤三：选择举例——将在步骤二中抽取的关键词和图解贴在显眼的地方，并定期寻找适合举例的素材

牛顿看到苹果掉在地上，从而发现了万有引力。至于 Magic Tape 这个胶带品牌，据说是在摘除牛蒡上附着的虫子时得到的创意。

我们需要养成习惯，多想想有没有适合解释说明的好例子。我们还需要尽可能在通俗易懂的地方记录一下抽取的关键词或者图解。

• 步骤四：收集举例——发现好的例子，随手记录在笔记本或工作手册上

看到文章里出现的好例子，同样也应收集整理在笔记本里。

比如，形容某个事物庞大时，我们常常用东京巨蛋来举例。在本书中，我也列举了许多事例，这些例子的使用范围十分广泛。

我们在与他人交谈时，如果发现了浅显易懂的好例子，要勤做笔记。通过不断地积累学习，我们就能在发表观点时灵活运用这些例子。

“选择手段”的具体示例：

1

步骤一：想要表达“只要认真努力，一定能够获得回报”。

步骤二：“认真努力”“获得回报”。

步骤三：一直在做好事的人，未必会在短期内获得成果，但是最终一定会有回报。收集这样的事例和相关语言表达。

步骤四：“因果报应”（善有善报，恶有恶报），“知足常乐”。

2

步骤一：表达“无论做什么事，基础永远比应用更重要”这一观点。

步骤二:“基础”“应用”。

步骤三：在挑战高难度任务时，首先必须打好坚实的基础。收集相关事例、常用表达等。

步骤四:“勿忘初心”（在不断努力前进的过程中，我们都要始终记得最初的梦想），“空中楼阁”（如果基础不牢就无法建起房子）。

“选择技巧”，一起试试看！

【问题】

Q1：想要表达“没有尝试过，就理解不了”这一观点，首先想想有没有合适的事例或者语言表达等。

Q2: 想要表达“遇到困难或者争议时才更容易激发灵感、改善关系”这一观点，想想看有什么合适的例子或惯用表达。

【回答】

A1：

不要只是远远地旁观，不要沉浸在理想主义中，而是要自己尝试才能理解事物。收集相关的例子和语言表达。

- 百闻不如一见。
- “待在会议室里做不成事，要做事就要去现场!”（这是电视剧《跳跃大搜查线》中主人公的台词，是对在会议室里发号施令的上司说的一句话。）
- 纸上谈兵。
- 战争就是一场搏斗。克劳塞维茨所著的《战争论》中有一个广为人知的观点：无论我们如何努力，都无法消除不确定因素。战争并不是依靠理想主义取得胜利的。

A2：

希望做任何事情都能毫无困难，没有人讨论也没有人提出异议，一切都进展顺利，这当然是最理想的状态，但现实往往并非如此。正是因为存在困难，才会有热烈的讨论，在这个过程中才能激发出更多创意，才能改善相互关系。我们需要找到证明这一点的实例和表达。

- 纷争过后反而会带来好的结果，会保持稳定状态，暴风雨后终会迎来平静。
- 逆境中成长的花，比其他花朵都珍贵美丽——沃尔特·迪士尼。

• 欲速则不达（行动操之过急反而容易走弯路，所以要踏踏实实做事）。

高效学习要点 25 **在确定具体目标的基础上，整理记录日常生活中的好例子。**

第4章 逆向思维法

1. 多立场、多角度地观察问题

目前，我们已经从多个角度分析了聪明人的特征及其聪明之处的具体体现，介绍了聪明人多项突出的能力，包括记忆能力、概括能力、表达能力等。

但是，聪明人还有一个典型能力尤其值得分析。这种能力可以用大家都知道的一个成语总结，就是“闻一知十”。在本章中，我们将和大家一起分析一下聪明人的“闻一知十”究竟是怎样一种能力。

○ 从10种视角来观察1个信息

当然，这里的“闻一知十”，并不是指用1个信息制造出

10个信息。

在日本，人们谈及聪明人时经常会说："那个人真的是闻一知十。"

得到1个信息，就可以了解10个以上的信息，这样的人的确聪明。学习了1个知识点，通过举一反三掌握了10个知识点，这样的能力实在令人羡慕。

如果具备这样的能力，那么不管是观察事物、日常生活还是学习，都能获得10倍于他人的知识，这样的人不管在什么领域都会获得成功。

但是，这究竟是怎样一种能力呢？为什么他们能做到闻一知十呢？

以前，我对这种能力是有误解的，我认为所谓闻一知十，就是可以从1个信息当中想象到10个相关信息，也就是说，得到1个信息就能想出10个信息，智商真的很高 。

或许很多人和我的想法类似，然而事实告诉我们：这是误解。所谓闻一知十，并不是得到1个信息能想出10个信息，**而是可以从10种不同的视角来观察1个信息。**

日常辨析能力小训练 No. 20

Q. 逛建材市场看木材，你会发现与俄罗斯、加拿大的木材相比，日本本土的木材价格大多要高一些。木材本身没有什么区别，而且进口木材还需要轮船运输，那么为什么日本木材反而比进口木材价格要高呢？

• 观察事物的角度多元化

对于任何事物，看的角度不同，站的立场不同，得到的观点就会不同。

男性立场无法理解的事物，女性立场或许就能明白；老年人看不懂的事物，年轻人却一目了然；老师发现不了的情况，也许学生就能观察到。

例如，看到一个苹果掉下来，大多数人就只想到苹果而已。但是，拥有多元视角的人则不同，他们会联想到："《圣经》里的苹果指的是智慧的果实""苹果的英文单词是 apple"……他们可以从不同角度观察苹果。换言之，仅仅看到苹果，他们就能够产生许多相关联想。

能够闻一知十的东大学子其实并不是人们认为的天生有灵感，只不过是他们观察 1 个事物时往往会有 10 个视角。换言之，我们提到的想象力或灵感来源，其实都是通过后天的努力获得的。

而且，我们在不知不觉中也做着相似的努力。比如，当你

日常辨析能力小训练 No. 20

A. 价格高除了体现了消费者的想法，也有可能代表伐木工人的立场。这个问题的背景在于森林资源的差异。俄罗斯、加拿大这些国家的森林都是平原上的森林，而日本则是山间的森林。到山上去砍树，首先机器搬运困难，其次因为坡坡坎坎造成运输困难，非常耗费人力、财力、物力，因此日本产的木材往往价格比较高。

有烦恼时，怎么办？一个人独自烦恼，自然问题无法解决，在这种情况下，我们通常会找朋友商量，或者从书中找办法。

其实，一个人的观察视角解决不了的问题，可以通过学习其他人的观察视角去解决。“啊，原来可以从这个角度考虑”“原来如此，这么一想，好像也不是什么了不得的问题了”，等等，我们只要改变观察的角度，想法也会随之变化，最终问题也能得到解决。事实上，我们在生活中常常有类似的转换视角的行为。

每个人都有自己的立场、各自的观点，**聪明人往往摆脱了 1 个观点、1 个立场的束缚，因此可以做到运用多元视角思考问题。**

他们只是“闻一”，却能从“十”个其他方向、其他立场分析问题，这就是聪明人闻一知十的原理。

高效学习要点 26

闻一知十，就是多立场、多角度观察事物的能力。

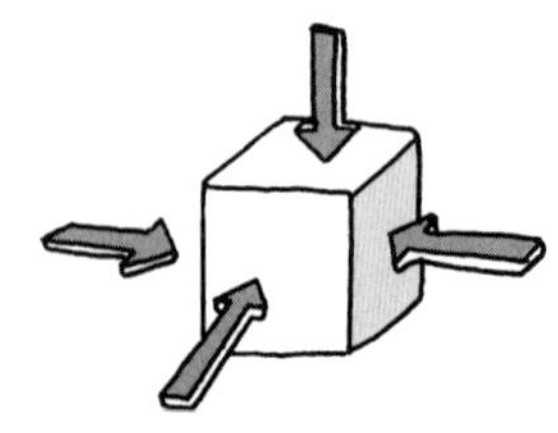

○ 用多元化视角观察事物

• 大多数人观察事物只戴一副眼镜

人们往往无意识地放弃多视角的观察，结果反而限制了思维。

我们往往对很多事物持有偏见。一旦认定它是正确的，就自始至终认为它是正确的，不会轻易改变看法；反之，当我们认为它是错误的，也很难改变观点。人们的思维容易有所偏向，这种偏向已经在心理学领域得到证明，人们称之为“确信偏见”。

当自己认为正确时，就会有意识地去收集所有能证明观点正确的信息；反之，当自己认为错误时，也会选择性地收集能证明它是错误的信息。

例如，我们对某个人的第一印象是“很不错的一个人”，那么，之后在与这个人交往时，无论发现这个人有多么不好，我们也会找理由去证明这个人之所以这样一定有什么原因，而且还会在无意识的情况下选择屏蔽所有关于这个人的负

面信息。

反之同理，如果第一印象感觉“人不行，不好相处”，那么无论后面再怎么交流，也很难摆脱这个第一印象。

第一次看到希特勒的肖像画，很多人会觉得“这个人看上去就是个坏人”，但是，如果不了解希特勒的暴行（残害大量犹太人），我们只是单纯地看到他的肖像，看到的可能只是一个留着鲇鱼胡子的男子，估计很难感受到他的邪恶。

人就是这样，在观察世界时，总是容易戴上一副“自己认定的事物就是正确的”有色眼镜，而且是在自己没有意识到的情况下就戴上了有色眼镜，然后根据自己认定的想法采取行动。

是的，就是眼镜。

本书中多次提及一个概念，就是“对日常生活的辨析能力”。事实上，大家在日常生活中不知不觉都戴着一副眼镜。眼镜镜片是有色的，但只有一个颜色，所以戴上它观察事物永远只有一个角度。因此，我们自然无法做到“闻一知十”。

反之，没有戴这副有色眼镜的人还有其他各种眼镜，可以根据不同情况、不同场合替换着戴。这样的人在观察一个事物时，自然能拥有多元化视角。

因为有多副眼镜可以替换，所以就拥有多元化的视角，这就是“闻一知十”的原理。

• 富有创意 = 多方位着眼点

我们所说的富有创意，可以用“着眼点”来解释。

说起聪明人，人们总是感慨：“他们的着眼点与众不同，常常能够看到普通人看不到的地方。”事实上，那些新颖的好创意大多是因为与众不同的着眼点而产生的。

看到果实中的虫子，大多数人看到的是消极的一面，会觉得很烦：“总是黏着，甩也甩不掉，太郁闷了。”但是，有的人看到的是另一面：“对了，这种虫子的黏性可不可以用来搞点什么发明呢？”于是“Magic tape”就应运而生。在英雄故事作品中，反派往往是不受欢迎的反面角色，但是“以反派人物为主题也可以”的想法，催生出了“暗黑英雄人物的作品”。

像这样，即使对象是同一个事物，只要从不同方向、不同视角来观察，就会不断产生大量新的创意。而且，富有想象力的人其实也是拥有多方位着眼点的人，这一点，也是聪明人与普通人对日常生活的辨析能力的差异之一。

高效学习要点27	**创意思维能力强的人 = 多方位着眼点观察事物的人。**

○ 从事物的正反两面获取信息

• 拓宽观察事物的视野

东大学子非常清楚多方位着眼点的重要性，他们常常主动拓宽观察事物的视野。

作文和小论文的题目中经常会出现这样的问题：“以上观点你是赞成还是反对，请发表自己的意见。”看到这类问题，大多数人通常会二选一，即暂且选择赞成（或反对），确定立场后再进行论述。但是，东大学子并非如此。

除非时间极其有限，几乎所有东大同学都会从“赞成”和“反对”两个角度发表意见。

我问东大同学，为什么要这样作答，他们告诉我：“只有站在正反两个立场才能理解这个问题。如果只站在一个立场，后面难以展开讨论。”

这一点与我在前文中讲到的“确信偏见”同理。选择赞成，就只会列举赞成角度的看法；选择反对，就会选择反对立场的事例，从而忽略其他信息。

因此，论述的时候，要从对立的视角观察。**这就是观察一个事物，从不同角度分析，保持观点客观的一种训练。事实上，不管是东大的入学考试还是东大的课堂学习，都非常重视培养学生辩证思考的能力。**

赞成与反对这种对立，我们称为“二元对立”。二元对立分析方法的优势在于：并不只有“赞成”与“反对”各自单独的理解。

通过二元对立的辩证分析，我们能够找到论证的关键点，并且了解如何才能采纳双方的意见，以推进工作。换言之，通过这种方法，我们可以看到赞成和反对立场的未来发展方向。

• 东大入学考试中常出现“二元对立”辩证思考题

东大入学考试中常有类似“请分析以下资料、图表、数据的特征”的题目，“写出赞成或反对的辩证分析意见”其实就是为应对这种问题的训练。

例如，看到“日本粮食自给率达到了 37%”这个数据，从积极方面看，可以解释为“日本 37% 的粮食消费主要依赖国内生产”，但是，如果站在消极一面来看就是另一种解读——“日本 63% 的粮食消费居然需要依赖国外进口”。

从两个角度对比分析，我们就可以看到更多新问题。例如，“与其他国家相比，日本 37% 的粮食自给率是高还是低？”“具体的粮食品种有哪些，这 37% 的数据主要涉及哪些粮食品种？”等等。

类似这样改变立场，再结合其他信息综合分析，就可以看到不同信息，而这正是“闻一知十”的本质。

• 深入思考，辩证分析，发现多元化视角

或许有人会认为，二元对立就是两个不同立场的问题，最多也就是"闻一知二"嘛。然而，事实并非如此。

例如，关于死刑的讨论，主要意见分为赞成和反对。有人认为应该保留死刑，有人则认为不应该保留死刑，看上去这是简单的二元对立。但是，即便是赞成死刑的人看问题的角度也并不相同。有人认为从经济学观点来看，应该保留死刑；有人则认为从考虑被害者家属情感的伦理角度，应该保留死刑。

与之相反，有人认为从经济学角度看，死刑是不利的；也有人觉得从伦理角度而言，考虑到执行死刑的执行官情感因素，应该取消死刑。

在赞成与反对二元对立的基础上，分别加上"经济的"和"伦理的"这两个对立纵轴，就形成了 4 种数列的排列组合。

人类生活中常常有类似的对立纵轴，因此，我们看待事物时并不能将其简单地一分为二。

"（政治上）左派还是右派？""赞成还是反对？"两两组合，就会产生 4 个不同的组合。再进一步，"左派、右派还是中

立?”“赞成、反对还是有条件地赞成或反对?”如此一来就会形成12个不同的排列组合。

通过这种方式，不断叠加二元对立，就会获得两个以上看待事物的角度。

大家对此有什么看法呢?概括而言，就是:

- 要做到闻一知十，就要学会站在不同角度观察“1”。
- 改变观察事物的着眼点能够锻炼创新思维。
- 通过二元对立辩证分析，能够加深对事物的理解。

怎样提高创意思维能力，接下来我想与大家分享逆向思维。

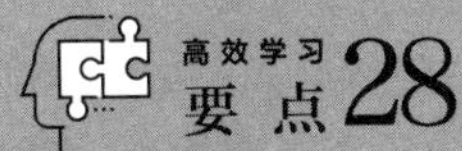

赞成还是反对，经济的还是伦理的……从辩证的角度观察事物。

2. 用逆向思维发现新视角

○ 尝试否定眼前确定的事物

• 所有事物都有其相应的反面

逆向，听起来似乎有点可怕。不是正面，而是反面，的确让人感觉有点黑暗。事实上，聪明人善于从事物的反面进行分析。

具体而言，什么是事物的反面?其实很简单，只需要转换一下观察角度。可惜，许多人看不到这一点。

任何事物都有其相应的反面。例如，东大录取率大约是三分之一，这就意味着 3 个人中只有 1 个人被录取。但是，反过来想则是 3 个人中肯定会有 1 个人通过。对某些人而言，这是负面的打击，但是对另一些人而言，却是正面的激励。

此外，很多人总是纠结于“自己未来要做什么”“明天要穿什么样的衣服出行”等事情，有选择困难。其实，纠结的原因归根结底就是不知道是“选择”还是“放弃”，其实两者本质相同，换句话说就是“选择穿红色衣服出门”就意味着“放弃穿蓝色衣服出门”。因为想到要放弃的事，人们才会如此烦恼。

所有事物都存在其相应的反面。仔细观察事物的反面，有助于培养我们闻一知十的能力，自然也有助于不断产生好的创意。

• 要求指出问题的东大入学考题

那么，我们要怎样做才能发现事物的反面？答案就藏在东大入学考题当中。我分析了近 50 年的入学考题，发现其中一道题实在是出人意料。

日常辨析能力小训练 No. 21

Q. 去北海道旅游的时候，你会发现北海道有很多来自中国台湾的游客。尝试从多个角度分析：为什么台湾人喜欢到北海道旅游呢？

这是关于日本史的一道问答题，其中包括一位考生的解答。当时，许多参加日本史考试的同学也写出了同样的解答，但是无一例外得分都很低。为什么分数这么低呢（无须写出理由）？请重新回答问题，并将字数控制在5行以内（1983年度试题第1题）。

这道题要求“指出几年前的答案中的问题”，它是一道打破常规的考题。看到这个题目，复读生说不定会有人发现题目中的考生答案正是自己几年前写过的答案。

东大学生经常会讨论这道题，并且感慨总是出这种类型的题，然后还会热烈讨论为什么要出这种题。

• 尝试否定眼前确定的事物

这是非常重要的提示，对于培养创新思维能力很有帮助。

在前文中，我们提到同时从赞成和反对两个角度做辩证分析，就能做到闻一知十。至于具体怎么操作，这个问题给出了答案。

锻炼创新思维，需要学会思考眼前的事物正确与否，并进

行逆向分析。

人们往往容易认定眼前事物是正确的。比如，当大家听到某个人的意见时，几乎没有人会立刻表示反对。大部分人会赞同，表示肯定，认为这个意见是正确的。原因很简单，表示反对要比表示赞同更消耗精力。

那么，我们尝试一下选择“反对”吧。否定我们[illegible]是正确的事，有助于我们看到事物的另一面。

对于我们眼前所看到的事物，第 1 章将其定义为“结果”，第 2 章中将其概括为“终点”，第 3 章中将其解释为“手段”。在本章中，我想表达的观点是，**我们所看到的所有事物都只是“正面”信息。**

不知为什么，当别人发表意见时，我们会不由自主地选择赞同，认定对方是正确的。再加上“确信偏见”的作用，导致我们很难反对或质疑。

我们应该想一想“这是真实的吗?”“会不会有什么不对的呢?”这就是逆向思维。换言之，就是时刻要带着怀疑的眼光。

日常辨析能力小训练 No. 21

A. 从气候角度来看，台湾地区不下雪，而在北海道可以赏雪。从经济角度来看，因为台湾和北海道都有廉价航班，出行方便快捷，机票价格划算。从台湾人角度来看，因为台湾地区道路比较狭窄，北海道视野开阔，还可以感受驾驶的乐趣，因此台湾人喜欢到北海道旅游。

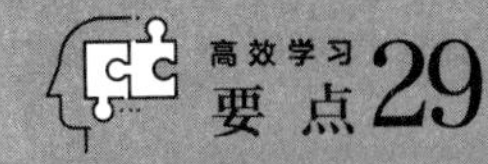

尝试否定已认定为正确的意见，肯定已认定为错误的意见，从逆向思维角度观察。

○ 找寻事物反面的 5 个步骤

• 能观察到事物反面的人才能成功

生活中的许多创意都是那些能观察到事物反面的人发现的。

例如，爱迪生、法拉第并没有在学校接受过系统的教育，但是他们都是有很多创意发明的伟大人物。他们是如何实现自己伟大事业的呢？

因为他们没有接受过系统的教育，所以在理解事物时，他们没有先入为主的观念。正因为如此，他们的创意才源源不断。许多尖锐的意见和新颖的创意来自对这个领域一无所知的外行，古今中外，不胜枚举。

为什么会这样？原因很简单，因为对这个领域一无所知的**人没有既有“正面”已知信息的桎梏，因此可以观察到事物的“反面”。**他们全然没有先入为主的观念、想当然认为正确的观点、个人偏见等有色眼镜，因此能够比较客观地从多角度观察事物。

其实，他们的想法很朴素，只是认为“这个是不是没有用”，或者觉得“虽然不知道这个理论，但是这样做会不会更好”。这些想法，激发了他们源源不断的新发明和新创意。

这就是寻找事物反面的思维。

下文中，我们将具体探讨寻找事物反面这一观察方法。

• 步骤一：确定一个想要寻找事物反面的对象

选择日常的新闻报道、图书、文章中写得稍微有点深度的内容。

• 步骤二：确定肯定或否定的立场

思考对于某件事选择肯定立场还是否定立场。

无法选择时也没关系，只需要思考在赞成和反对中二选一。只有认真确定自己的立场，才能看到事物的反面。

• 步骤三：寻找事物的正面——选择赞成与反对，分别列出相应的理由

列举出几个自己选择赞成或反对的理由，理由列举越多，越有利于下一步论述的展开。

• 步骤四：寻找事物的反面——列举支持与自己立场相反观点的理由

站在与自己的选择对立的立场，尝试列举支持对立立场的理由。此时，可以想一想在步骤三当中提到的反对立场的理由。通常这一步也会比较顺利。

对立立场的措辞示例：

- 高达 30%——只有 30%；
- 认真的人——死板的人；
- 大大咧咧的性格——头脑简单。

- **步骤五：另辟蹊径寻找其他对立观点——寻找赞成与反对之外的其他切入口**

对立观点不是只有赞成和反对，可以另辟蹊径寻找其他对立观点，找到其他观点的差异（如经济的、法律的、道德的、伦理的、历史的等），或者第三条路线（如中间立场、有附加条件的赞成或反对等）。

这一步当中的“其他对立观点”，将会在“寻找视角”一节进行详细讨论。

“寻找事物反面”的具体示例：

1

步骤一：由于新冠肺炎疫情的影响，人们减少外出，但依然有投币游戏机商家在营业，是否需要公开这些商家的名字？

步骤二：选择肯定立场。

步骤三：肯定的理由。

- 投币游戏机商家通常都是“三密”（密闭、密集、密切接触）空间，难免会产生导致感染人数增加的潜在风险。
- 符合紧急事态情况的特别处理法，拥有法律支持。

步骤四：否定的理由。

- 如果公开商家名字，会让更多人知道还有开张的商铺，反而有感染者增加的风险。
- 虽说拥有法律上的支持，但并不是任何事都被允许的。公开商家名字可能影响到人们的生活，也可能存在某些伦理上的问题。

步骤五：导致感染者增加的观点，伦理视角与法律视角的对立，探讨是否还有其他方法的视角。

日常辨析能力小训练 No. 22

Q. 在日本超市购物，会发现南瓜的产地大多在北海道，但是，实际上大多数南瓜都是从澳大利亚进口的。为什么南瓜大多从澳大利亚进口呢？

寻找“事物的反面”，一起试试看！

【问题】

2020年后，日本从5年级小学生开始，英语成为必修科目。关于这一措施，我们是选择赞成还是反对，还是有其他不同立场?

【回答】

• 赞成

“全球化进程不断加速，早点开始英语学习是当务之急。”

“如果能早点学习英语，就会早点掌握英语，成为时代所需要的人才。”

• 反对

“如果不先学好日语，就很难学会英语。”

日常辨析能力小训练 No. 22

A. 站在日本人的角度应该很好理解这个问题。日本人全年都要吃南瓜，但是南瓜是季节性蔬果，一般7～12月是南瓜上市的季节，但是有人在1～6月也想吃南瓜，于是，澳大利亚进口南瓜就出现了。澳大利亚位于南半球，与日本季节正好相反。因此，日本在没有南瓜的时候，就从澳大利亚进口南瓜。

"学生学习时间增加，课外活动时间就会被压缩。"

• 其他路径

"小学 5 年级开始学英语，这合适吗？6 年级学可能比较好（或者"3 年级学更好"）。到底学英语的最佳时期是小学几年级？"

"学英语就好吗？目前汉语才是全世界使用人口最多的语言，汉语变得越来越重要了。"

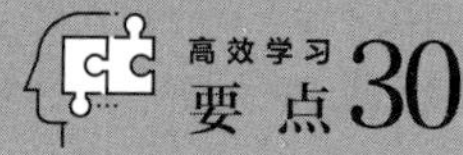

先明确自己的立场，再尝试否定自己的立场。

3. 掌握多角度观察事物的能力

○ 寻找视角，不断深入思考

• 有意识交换完全相反的对立视角

寻找事物的反面，就是站在肯定立场想想怎么去反对，选择否定立场想想怎么去赞成，这是一种灵活的观察世界的思维。而且，除了"肯定"与"否定"，世界上也存在大量相对

立的“正面”与“反面”。

例如，在这个世界上，看待同一个事物，有的人持乐观主义态度，有的人则持悲观主义态度。

在英语词汇中，“乐观”一词可以表达为“glass half full”（装满了半杯水），“悲观”一词可以表达为“glass half empty”（剩下半杯水）。

据说这种表达源于一次心理学实验。实验如下：

往杯子里倒入半杯水，然后展示给接受实验的人看，并问他们：你觉得玻璃杯的水是“装满了半杯水”还是“剩下半杯水”？

通常认为“装满了半杯水”的人，看待事物时大多比较乐观；认为“剩下半杯水”的人，大多表现得比较悲观。

对某些人而言，这个杯子是接近“满”的状态，而在某些人眼里，玻璃杯则是接近“空”的状态 。

与此相似，**我们在观察事物时，常常在不知不觉中或悲观或乐观地倾向于某个观点。**但是，**最重要的是，我们需要双向理解。**

快装“满”的杯子也能理解为快“空”了，看起来“空”

的杯子也可以理解为快装“满”了。通过这个实验，我们能很快发现自己到底是乐观主义者还是悲观主义者。

如此一来，我们就能学会多视角观察。

• 持续 3000 年以上的思维训练

“‘赞成’‘反对’‘乐观’‘悲观’，我们分两个立场讨论。”这句话，大家是不是觉得很熟悉，感觉在哪里听到过。是的，就是辩论时。辩论通常会分为两个阵营，然后辩论哪一方是正确的。辩论这一人类活动已有 3000 年历史。

那么，我们为什么要进行辩论？辩论的历史为什么如此悠久？其实，辩论这一行为本身并不是为了明确表示赞成或反对，分出黑与白。准确地说，**无论赞成还是反对、乐观还是悲观，都不是辩论行为本身的目的。**

辩论的意义，就是赞成的人听到反对意见时会去想“原来是那么回事”，而持反对立场的人听到赞成的意见时会去想“似乎也在理”。**强化思维的深度，才是辩论的本质。**

下面介绍的“寻找视角”，就是我们内心辩论的思维。不

管立场是肯定还是否定，这样做都能让我们在大脑里同时储存大量对立观点。

高效学习要点 31 从完全对立的两种视角观察事物的思维训练距今已有 3000 年历史。

○ 通过与自己辩论寻找视角

• 东大学子热衷于辩论

前文中我们提到，不要认定眼前的事物是正确的，而要寻找否定的因素，这一点至关重要。开展辩论或讨论有助于让思维更深刻。东大学子就十分热衷于辩论。

每当东大学子组成团队要做什么的时候，一定会出现激烈的讨论和不同意见的交锋，总会有人提出“这样做岂不是更好吗”等疑问。

或许有人听到这些会认为东大同学之间的关系差，事实上完全不是这么回事。同学关系完全不会因辩论或讨论而恶化，因为他们深知：**只有不断讨论，才能激发出更新的创意和更深刻的思考。**

一个话题如果没有人讨论，就会非常枯燥。因此，经常会有人站出来说：“大家都赞成啊，那我就斗胆发表个反对意见。”他们会根据情况特意改变立场，从而引导大家进行讨论。

·讨论催生新的创意

与完全统一的意见相比，各种不同意见才能碰撞出创意的火花。这一点在很多场合都是相通的。

例如，有这样一个实验：召集 10 个人参加心理测试，测试完之后，让他们参加幸存者游戏。

根据心理实验的结果，将 10 个人分为两组。A 组属于“相同性格的人”的组合，B 组属于“不同性格的人”的组合。安排两组人讨论游戏攻略，时间限定为 30 分钟。30 分钟后游戏开始，最后看哪一组能胜出。

在 30 分钟的游戏攻略讨论环节，A 组和 B 组表现出巨大差异。A 组讨论时，大家全部赞成一个人的意见，讨论了 10 多分钟就完成了。B 组则不同，讨论过程中迟迟无法确定方案，直到限定的时间快结束，依然不断有人提出意见，讨论十分热烈。

然而，在最关键阶段瞬间分出了胜负：B 组以迅雷不及掩耳之势取得了游戏的胜利。

表面上看，B 组一直讨论到时间快结束，似乎最后也没有找到好的游戏方案。A 组则非常顺利，很快确定了游戏方案，看起来胜券在握。这就是两组人在讨论时给我们留下的最初印象。然而事实上，A 组等同于完全没有讨论，他们的思考完全无法深入，因此最后游戏挑战失败。

这种情况对个体而言也是如此。当脑海里只认定一种看法时，无论怎样努力也无法催生出好的创意。因此，我们需要站在多元化的视角，不断锻炼创新思维能力。

高效学习要点32　**寻找多元化视角，激发新创意的不断产生。**

○ 寻找多元化视角的 4 个步骤

这种在脑海中储存大量不同观点的方法就是寻找多元化视角。成功寻找多元化视角，需要通过以下 4 个步骤来实现。

· 步骤一：从多元视角中选择一个想观察的视角

例如，可以选择前文中用“赞成”或“反对”就能处理的内容，选择其他视角也没问题。需要掌握的学习内容也可以用这个方法，但要从未来人生这样的大框架结构角度考虑，从中能够得出结论的内容都可以。

日常辨析能力小训练 No.23

Q. 大家都经常用纸巾吧。纸巾通常都是两张纸叠在一起的，这是为什么？

· 步骤二：调查视角——调查相关事物，思考存在怎样的立场

肯定 / 否定，乐观 / 悲观，激进 / 稳健 / 折中……调查围绕这一事物的所有立场。

从战略方面看，目标没有差别，都是为了取胜，但取胜的手段存在着“速战速决”和“持久战”的差异。因此，观察一个事物，我们也要尽量尝试多元视角。前文提到的“寻找事物的反面”“另辟蹊径寻找其他对立观点”也可以作为参考。

· 步骤三：选择视角——每个立场的观点分 3 条做总结

即便意见有很多条，我们依然可以集中为 3 条进行总结。此时，需要运用第 2 章中提到的总结概括能力。

· 步骤四：得出结论——分析站在哪个视角对自己最有利

分析有利于自己的最佳立场。这种分析不是客观的，是可以主观判断的。

日常辨析能力小训练 No. 23

A. 其实，这是为使用者考虑的，主要原因有二。一是强度问题，一张厚纸和两张薄纸，后者强度更大，手感也更好。二是两张纸叠在一起，中间会保存部分空气，这样有助于充分吸收水分。日常生活中毫不起眼的纸巾，为了人们用起来方便舒适，也是下了不少功夫啊！

“寻找多视角”的具体示例：

1

小学五年级开始学习英语算不算早？

- 肯定（早点好）/ 否定（不要太早）。
- 激进（早就该执行这个政策了）/ 稳健（充分准备好后再开始）。
- 指导者一方（能够胜任英语教学的教员不足）/ 学生一方（学生负担加重）。
- 教育学（没学好日语之前学习英语对成长不利）/ 社会学（在如此重视英语能力的世界，能够用英语发表有影响力的观点很棒）。

——教育学观点：要掌握英语，首先要学好日语，如果没有学好日语就先学英语，对学习是不利的。这一点我觉得完全可以理解，如果母语没学好就提前学习英语，只是在浪费时间，还是尽量不要这么早学英语。

2

新冠肺炎疫情日益严重，是否能让全国学校都停课？

- 赞成（停课是必要的）/ 反对（不需要停课）。

• 乐观派（用不着全国学校都停课，部分地区选择性停课即可）/ 悲观派（性命攸关的重大事件，即使这样做反应过度也好过完全不作为）/ 折中派（不采取全国学校整体停课模式，建议让需要参加毕业考试的小学六年级、初三、高三学生返校上课）。

——这是性命攸关的重大事件，即便反应过度也好过完全不作为，这一观点完全能够理解，因为没有什么比生命更重要。

"寻找多视角"，一起试试看！

【问题】

Q1："对于今年开始全面禁烟的法案你怎么看？"通过这个论题你可以分析出怎样的立场呢？

Q2："关于修改宪法，你有什么看法？"通过这个论题你可以分析出怎样的立场呢？

【回答】

A1：

赞成（建议禁止）/ 反对（建议废除）。

激进（应该尽早实施）/ 稳健（应该逐步推进，以避免出现潜在的社会问题）。

部分赞成（的确应该制定比现有法规更严格的方案）/ 部分反对（不要实施禁止令，建议施行劝止令）。

A2：

赞成（可以实施）/ 反对（建议不实施）。

激进（必须立即实施）/ 稳健（必须考察后实施）。

部分赞成 / 部分反对（讨论重点落在到底修改哪条法律条文，是修改第 9 条，还是另外增加一条紧急情况处理预案）。

高效学习要点 33　**在大脑中持续与自己辩论，充分进行意见的讨论。**

第5章 本质思维法

1. 全局观和细节观相结合

下面我们进入第1部分的最后一章。之前的章节都是围绕聪明人的特征展开论述的。在这一章我与大家分享的是解决问题的能力。只有能够妥善解决问题，才是真正意义上的聪明。

东大学子也一样，如果不能正确解答入学考题，就无法考入东大。聪明人往往能直面问题并解决问题。

那么，该如何解决问题呢？在本章中，我们将一步步揭开这个谜底。

○ 解决问题的关键在于发现线索

· 目光敏锐，发现不经意处的线索

善于解决问题的人，到底哪种能力表现出色？

我们可以想象一下看推理小说或者悬疑剧的场景。在推理小说和悬疑剧中，经常出现侦探推理揭秘案件的环节。那么，侦探是如何揭开案件真相的呢？

例如，在推理小说中，主人公说："奇怪，为什么这个地方会有一把斧头？"这句话一定是某个线索的伏笔。也许这个案件起源于这把斧头，也许斧头正是犯罪工具，也有可能接下来斧头会被盗，等等。虽然不知道为什么，但是这别有深意的描写一定有着某种提示。一般来说，推理小说的最后部分必然会出现关于斧头的线索。

侦探常常会观察到一些不怎么引人注意的细节。在案件接近侦破的关键时刻就会揭开谜底，然后读者恍然大悟："原来如此，斧头果然是案件的关键。"

所有人都没有看到斧头，但是侦探看到了。随后，侦探开始揭开真相……这基本上是推理小说的王牌推理模式。

侦探总是能够在不经意之间敏锐地找到案件的线索，这是侦探能破案的重要原因之一。

·东大入学考题里的秘密

东大入学考试地理科目曾经出过这样一道题。这道题没有相关地理知识也能解答，是一道很好的题。大家知道这道题的解题关键是什么吗？如果参加这次考试，我们会在哪里标出重点呢？

> 题目：近 10 年来，在成田机场乘坐飞机飞往北京、上海的日本乘客人数持续增长。请说明理由，字数 60 字以内（选自 2005 年度东大地理科目试题第 3 题 A 小题，部分修改）。

大家发现解题关键了吗？是“成田机场”，还是“北京”“上海”，抑或是“60 字以内”？是不是都有可能？

解题关键很重要。东大同学看到这道题，一定会将“近

10 年来”画为重点。

站在 2005 年这个时间点，“近 10 年来”指的就是 1995—2005 年这段时间。与推理小说类似，出题方绝对不会写无关紧要的内容。和上文中提到的斧头一样，“近 10 年来”一定有所暗示。既不是“近 5 年来”，也不是“近 20 年来”，就是“近 10 年来”，可以理解为 10 年前有特别的事情。

因此，我们需要将题目和这段时间联系起来，寻找线索，搞清楚到底 10 年前中国和日本发生了什么特别的事。

我们这样分析之后再读一遍原题，会注意到“乘坐飞机的日本乘客”，很明显，这说明去中国的日本人增加了，也暗示过去 10 年应该有特别的事情发生，从而促使更多的日本人前往中国。

“对了！说起来，中国是在 10 年前开始，改革开放进一步深入了！”“2001 年中国正式加入世界贸易组织，估计是因为这个背景。”诸如此类，通过分析可以发现很多信息。

“由于改革开放、中国加入世界贸易组织，所以日本前往中国的游客增加了”“应该是商务旅客持续增加”……很快就能写出理由。

侦探和东大考生解决问题的能力很强，这一点很相似。最主要的是，他们常常能在看似不经意的场景中找到隐藏的线索，观察能力非常强。他们关注的小细节成为他们解决问题的突破口和关键。正因如此，他们善于解决问题。

从第 1 章到第 4 章，我们一直讨论的话题就是对日常生活的辨析能力的差异问题。

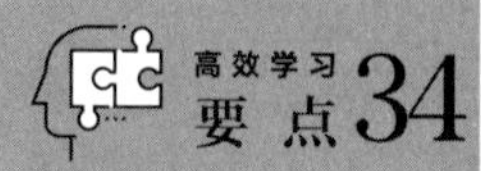

东大学子常常能在不经意的场景中找到线索。

○ 同时拥有微观视角与宏观视角

· 微观视角与宏观视角是解决问题的关键

从细节中发现小线索，然后顺藤摸瓜解决大问题。换句话说就是，观察事物要同时拥有微观与宏观两种视角。

微观视角就是很小的、细节的、局部的视角；与之相反，宏观视角是很大的、广泛的、整体的视角。

看报纸时，我们可以用放大镜看细节，也可以摊开看整体。聪明人往往既能看到局部细节，也能把握整体，并能在两者之间自由切换。

只有同时拥有宏观与微观两种视角，才能妥善解决问题。

日常辨析能力小训练 No. 24

日语中有一个词写作“遍在”，还有一个词写作“偏在”，二者在日语中的读音是一样的，意思有什么不同呢？

• 关注局部细节的微观视角

微观，就是局部的观察。不是看整个事件，而是观察现场发现的斧头、聚集在现场的人，以及他们的言行举止等。回答问题也是一样，不是看整个提问，而是找到其中看似普通的数字或者地名等信息。

日本人口有 1 亿多一点，每个人都有各自不同的生活方式。看似普通的、有点特别的、个体的生活就是“微观”。

比如前文当中提到的“线索”，就是事件或者问题的一个局部。

在《相棒》这部侦探片中，杉下警长有一句口头禅：“我有一个毛病，就是总是喜欢抠细节。”线索，正是我们所说的局部细节。在全局观察中无法发现的细节，就被称为微观。

但是，只抠细节的话，也无法解决问题。前文提到的斧头本身并没有什么意义。即便是杉下警长，如果只关注细节，也是无法破案的。

只有认识到细节在整个事件中发挥的重要作用，才能帮助我们找到解决问题的突破口。最重要的是，我们要找到这些小

日常辨析能力小训练 No. 24

A. “偏在”用的汉字中的“偏”，表示偏向于某个固定地方。“遍在”用的是“遍”这个汉字，表示普遍存在于所有地方。我们也可以理解为偏在 = 微观，遍在 = 宏观。

细节与整个事件的相互联系。

例如，前文中提到的东大入学考题，通过找到“近 10 年来”与整个问题的关联，很自然就找到了“加入世界贸易组织”“改革开放”等答题关键词。只有将微观与宏观联系起来，才能做出解答。

• 全局把握整个事物的宏观视角

宏观，就是从整体观察事物。也就是说，不是从局部的个体观察，而是运用高处俯瞰的全局视角。

如果从案件角度而言，就是大致掌握案件的框架：不是短期，而是长期；不是针对眼前刚刚发生的事，而是要在整个案件发展过程中去把握。这就是宏观的视角。

人们都公认，聪明人 = 能够从全局把握整个事物的人。从大范围而言，聪明人就是那些能做出长远规划的人，比如公司领导或其他有领导能力的人。

在国际象棋比赛中，通常能够掌控全局的选手最强大。即便暂时有棋子陷入困局，他们依然看得长远，沉得住气，“没有关系，后面自然会有转机，目前这一步最关键”，因此他们往往能拼搏到最后并最终获得胜利。聪明人都具有全局意识。

但是，正如前文所述，能够把握全局固然非常重要，可是只看全局也无法解决问题。如果只是从长远、大局的角度把握事物，就很容易忽略当下细节。下象棋的时候也是如此，虽然提前想好了接下来十步棋的布局，但是如果忽略细节，也有可能在当下这一步就输了。

只有得到微观视角的支撑，掌控全局才能发挥作用。

· 聪明人同时拥有宏观与微观视角

微观视角与掌控全局相结合才能发挥作用，这一点放在日常生活中也一样。

比如，完全不到工作一线、只考虑10年以后发展的领导发布的指令，没有任何说服力；考试成绩优秀，整天学习医学为何物的医学生，如果不到医院面对面接触患者，也无法获得信任。

在公司中，站在全局角度观察的管理层和每天在一线拼命工作的员工，必然会出现意见分歧。

如果只看到框架和全局，就会忽略细节；如果只看到细节，就无法掌控全局。**全局观和细节观，两者必须结合在一起。**

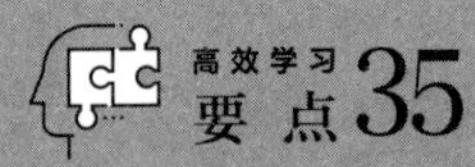

微观与宏观相结合的观察视角至关重要。

○ 在宏观视角与微观视角间自如切换

相信看到这里，大家已经理解微观视角与宏观视角都很重要了吧。

在这里，我想强调的一点是，聪明人的一大特点就是**微观视角与宏观视角切换自如。**不偏向任何一方，能够在微观视角与宏观视角之间自由切换的人，才擅长解决问题。

前文中侦探的例子，就是通过微观视角所发现的“斧头”这一线索，联系宏观视角所观察到的整个案件进行分析，最后成功破案。

东大入学考题的例子中不仅有微观视角的“近10年来”，还有从宏观视角看到的整个时代发展。“乘飞机的旅客人数增多，前往中国的人数增多，那么过去10年中国到底发生了什么变化?”顺着思路分析，自然就很容易找到答案。

宏观视角与微观视角能够自如切换，这一点十分重要。

· 4 种思维本质上都是宏观视角与微观视角的切换

事实上，前文所讨论的4种思维方式——**原因思维、起点思维、目标思维、逆向思维**，都是为了实现在宏观思维与微观思维之间自由切换。

原因思维就是从结果分析原因。如果所有的事物都是结果的呈现，那么就去寻找可能造成这一结果的原因，这就是原因思维的方法。

通过宏观角度观察到的“结果”，寻找微观角度的“原因”。案件发生就是结果，寻找犯罪嫌疑人就是找原因，两者同理。

换言之，**原因思维就是从宏观切换到微观的思维模式。**

起点思维就是从终点追溯起点的思维方式，是一种看到所有事物的终点、探寻到达终点的过程，以及寻找作为背景起点的思维模式。

这种思维就是**从看到的微观现象去了解事物的整个发展过程的行为。**

犯罪嫌疑人的罪行就是终点所呈现出来的微观现象，通过宏观视角调查犯罪动机、犯罪过程、犯罪背景，两者同理。

换言之，**起点思维就是从微观切换到宏观的思维模式。**

目标思维就是通过目标导出手段的思维模式。所有的事物都可以视为手段，分析如何通过手段达到目标。这是一种**通过手段这一微观视角来反推目标这一宏观视角的行为。**

比如，目标是侦破杀人案，从而先分析犯罪嫌疑人的犯罪手段。

换言之，**目标思维就是从宏观切换到微观的思维模式。**

逆向思维就是从“正面”切换到“反面”，将所有事物都视为正面，尝试分析其反面的思维模式。

日常辨析能力小训练 No. 25

Q. “便利店”明明只是一个店而已，为什么除了销售商品，还提供 ATM 机（自动取款机）、售票机、洗衣、快递等多项服务呢？

这是一种针对微观表象进行宏观观察的思维模式。“斧头”也好，“近 10 年来”也罢，从全局的角度分析这些细枝末节的表象，能够找到解决方案。

换言之，逆向思维就是从“微观”切换到“宏观”的思维模式。

• 提高日常生活的辨析能力，从宏观和微观两个角度观察事物

本书一直强调提高对日常生活的辨析能力，归根结底，就是要提高宏观视角与微观视角的切换能力。

在日常生活中，我们既会用到微观视角，也会用到宏观视角。有时候我们会听到有人讨论“日本经济不景气”，也会听到人们议论“附近的超市好像倒闭了”之类的现象。

聪明人在观察事物时，往往比普通人更微观，也更宏观。他们既会分析出“日本经济不景气，所以附近不断有超市倒闭”，也会倒推出“由于附近不断有超市倒闭，说明日本经济不景气”。

日常辨析能力小训练 No. 25

A. 日语中“便利店（convini）”是“convenice store”的简写。“convenice”表示“便利”。换言之，“便利店”就是为客户提供便利的商店。因此，便利店为提供更多的方便快捷的服务做出了许多努力。原本便利店一开始的定义并没有设定为“小卖店”，而是将重点集中在提供“便利”的服务上。

我们可以通过多种方法实现宏观视角与微观视角的切换：可以分析原因——“日本经济不景气一定有原因”，可以分析起点——“附近不断有超市倒闭的背景是什么”，可以逆向思考——“附近不断有超市倒闭，从这一事实的反面该怎么分析”。

“附近不断有超市倒闭”这一简单事实引发了多维思考。

但是，大多数人都不会这样做，他们只是感慨一下“可惜啊，超市倒闭了”，而不会进一步思考。

努力学习宏观思维与微观思维的自由切换，才能成为聪明人。反言之，聪明人与不够聪明的人之间的差异无非就在于此。

如果我们观察事物时能够做到比普通人更微观，也更宏观，就能通过原因分析掌握结果，通过追溯起点了解如何走到终点，通过确定目标寻找便捷的手段，通过逆向思维从多角度观察事物。这就是本书与大家分享的核心内容。

总而言之，可以概括如下：

- 观察事物时，我们既要有微观的局部视角，也要有宏观的整体视角。
- 聪明人能够在微观视角与宏观视角之间自由切换。
- 微观视角与宏观视角的切换有助于妥善解决问题。

其实，能够做到在微观视角和宏观视角之间切换，就是运用了本质思维，这种思维有助于解决问题。接下来，我们继续讨论本质思维。

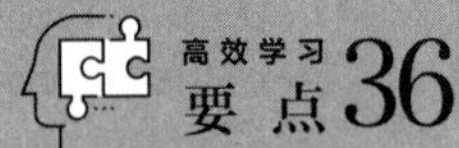

做到宏观视角与微观视角切换，有助于提高解决问题的能力。

2. 寻找本质，抓取要点

○ 抓住本质是解决问题的密钥

本质思维是本书中我最想与大家分享的话题。为什么呢？**无论从哪个意义而言，聪明人通常都能深刻思考，迅速抓住事物的本质。**

前文中，我们讲到聪明人可以做到微观视角与宏观视角自由切换。为什么他们能够做到切换自如呢？那是因为他们理解了事物的本质。能抓住事物本质的人，才是聪明的人。

• 什么是本质

在电影《沉默的羔羊》中，著名的精神科医生，同时也是猎奇杀人狂的汉尼拔·莱克特博士对主人公说了一句忠告："看本质。"正是这句话，让主人公挖掘到事实的真相，找到了杀人案的真正凶手。

这句话揭示了一个非常重要的思维方法：抓住事物的本质，至关重要。**通过理解事物的本质，可以轻松地记忆，可以准确**

地概括，可以明确地解释，可以激发各种想象，并最终帮助我们解决问题。

那么，什么是本质？本质很难用一句话概括。我认为只要理解了本质，后面的事情都好办。

记住本质就能轻松记忆，说出本质就能简单概括，了解本质就能闻一知十。**本质，指向的就是事物的核心。**换言之，**原因、起点、目标、反面，都属于本质。**因此，本书中谈及的所有方法，都是为了抓住事物的本质。

例如前文中的东大入学考题。如果了解“中国改革开放不断深入”这一事实，后面的问题就可以轻松作答。这是题目的本质所在，是日本人到中国旅游这一契机出现的原因和背景，也是诸多日本企业进驻中国市场，因商务往来前往中国的人数增长的原因和背景。这不只是表面上观光游客增加，其反面还有其他隐含信息。

所谓本质，就是**理解了就能解决所有问题的唯一要点**。能够准确抓住要点的人就是聪明人。本书中所介绍的思维方法，最终目的都是抓住事物的本质。

• 东大学子学数学和打麻将都很出色

所有事物都有其本质，了解了本质就能抓住关键。

在第 1 章中，我们举了一个数学的例子。数学当中有相当多的公式和要背下来的知识点。聪明人往往会觉得数学没什么需要背的，他们记的东西不多，但是成绩依然优秀，因为他们学习时抓住了本质。

例如，中学数学中的代数、方程、函数等，基本上是初中三年所学习的内容。我数学不好，以前总觉得又是代数，又是二次函数，又是一元一次方程，要记好多东西，实在太痛苦了。

但是，如今回头再看会发现，实际上代数中所学的内容与方程和函数的内容，本质完全相同。

“代数”原本的概念就是“文字符号代替的数字”，即具体的数字被文字符号替代。当文字符号的公式成立时，有确定答案的公式就是“方程式”，而当这个公式通过图标的形式呈现出来就是“函数”。仅此而已。

我最初学习的时候，总是会想：“天啊，怎么又出来个新概念啊！感觉好难！”经常自己吓自己。我总是想着方程要记，函数公式也要记，要记很多东西，结果反而忽略了事物的本质。

只要抓住了本质，在后面的学习中遇到方程式也好，函数也罢，我们只需要对照基本定义去理解，一切就会变得简单。

当然，抓住本质，并不仅限于学习知识。大家打过麻将吗？我经常和朋友一起打麻将。会打麻将的东大同学说起麻将时，观点都是一致的：**“打麻将不是为了让自己和牌，而是想办法让对方没法和牌。”**

最开始听到这一观点，我也有点不明所以，但是，当我想提高麻将水平时，就理解这句话的意思了。

打麻将时，如果只是想和牌，就会想尽可能摸到自己需要的牌。但是，这样就会只关注自己手头的牌，而自己想要的牌可能会被别人抢先摸到，或者自己出的牌正好满足了对方，结果弄得自己和不了牌。

因此，会打麻将的人更多关注的是对方是否摸到了好牌，要抢在对方之前摸到自己的牌，这样就会给对方压力，对方就不敢随便出牌。

打麻将的关键在于，**不是想着自己怎么和牌，而是要想办法阻止对方和牌**，这样麻将水平才会提升。东大同学告诉我，这才是打麻将的本质。

理解了这一本质，打打麻将，看看高手过招，看书查查攻

略，就会理解这一本质实在是表达准确。

任何事物都有其本质，了解本质有利于更快地掌握事物。

• 本质就隐藏在微观与宏观之间

要抓住本质，就必须做到在微观思维与宏观思维之间切换自如。

例如，“为什么近10年来，坐飞机飞往北京、上海的日本乘客人数持续增长？”对于这个问题，将微观的“近10年来”与宏观的“飞往中国的乘客人数持续增长”联系在一起，就能够看到“中国改革开放进一步深入”这一本质。

打麻将的时候，微观角度的高手游戏与牌技，宏观角度的麻将规则，两者联系在一起，就能理解麻将是“想办法拿下对方的游戏”这一本质。

本质，往往隐藏在宏观与微观之间。我们通过提升对日常生活的辨析能力，就能抓住通过微观视角与宏观视角切换所发现的本质。

观察事物时，时而从微观角度，时而从宏观角度，就能抓住本质，这就是聪明人的行为方式。

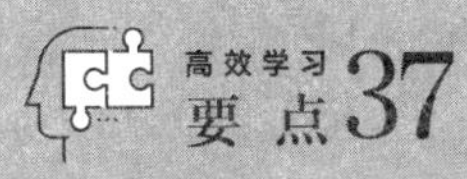

任何事物都有其本质，本质总是隐藏在微观与宏观之间。

○ 寻找本质的 4 个步骤

• 步骤一：微观化、宏观化——更微观、更宏观的观察

看到这里，可能会有读者认为“宏观和微观能够清清楚楚地一分为二”。然而，事实并非如此。

观察任何事物，根据不同的观点进行分析，有时是微观的，有时是宏观的。对任何现象，我们既可以从微观看，也可以从宏观看。

例如，“A 市的人口持续减少”这一信息，大家认为这是宏观视角还是微观视角呢？

如果从全国范围来看，A 市就是微观视角。“全国范围内人口持续减少的城市很多”这个角度，才是更加宏观的观察。

另外，大家有没有觉得“A 市的人口持续减少”这一信息只是一个粗略的说明呢？如果告诉我们“A 市老年人口持续增加，儿童人口持续减少，整体而言人口持续减少”，就会感觉信息详细多了。

也就是说，“A 市的人口持续减少”这一信息，既有可能是微观的观察，也有可能是宏观的观察。

在这里，我们可以用到第 1 章至第 4 章中介绍的所有思维模式。

原因思维与目标思维让我们可以获得更微观的视角。“为什么人口减少”“哪个年代的人口减少，减少了多少”，这样思

考有助于更微观地加以分析。

起点思维和逆向思维让我们可以获得更宏观的视角。“A市人口持续减少的背景是什么”“A市的人口持续减少，换个角度可以怎么表述”，这样思考有助于更宏观地加以分析。

下图可以让我们一目了然。

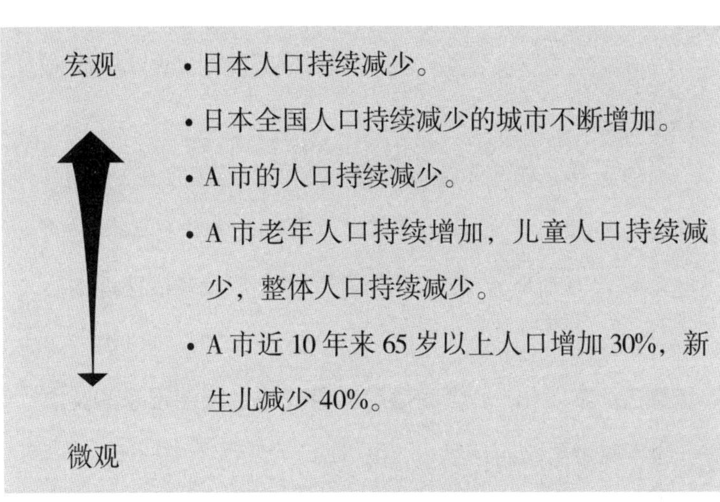

由此可见，微观与宏观的边界其实并不是十分清晰，而是“更倾向于其中之一”而已。任何事物，既能拓展更宏观的视角，也能够挖掘出更微观的视角。

• 步骤二：微观与宏观结合——将微观和宏观联系起来，概括成一个观点

我们收集整理好微观与宏观的观点之后，就可以从中挖掘出本质。

将倾向于微观的信息和倾向于宏观的信息结合起来，进行综合分析。具体而言，就是**整合为一个信息**。

以 A 市为例。将“A 市老年人口持续增加，儿童人口持续减少，整体人口持续减少”这一信息，与“日本人口持续减少”这一信息联系起来，就可以整合为一个信息：“目前日本全国范围内老年人口持续增加，儿童人口持续减少，整体人口持续减少”。

类似这样，将多个微观信息和宏观信息结合在一起进行综合分析，如果最后整合的信息可以做到“如果理解了这两点，就能够解释其他所有难题”，那么，这个信息就最接近本质。

• 步骤三：本质化——精简信息，寻找适合描述现象的词语

接下来就要精简信息。如果将两个信息组合在一起，内容可能会很长，我们就可以进行概括，具体而言**就是归纳为一句话**。

例如，“目前日本全国范围内老年人口持续增加，儿童人口持续减少，整体人口持续减少”，就可以归纳为“老龄少子化”。牛顿将“苹果，包括地球上所有的物体都受到地球引力的作用”这一现象总结为“万有引力”。

这类抓住了本质的表达，大多用学术上的专有名词表示，我们可以将这种专有名词称为“本质”。

这种方式可以帮助我们发现事物的本质。

“寻找本质”的具体示例：

1

学习过程中应该更多地关注基础而不是应用。

步骤一：

宏观化1：基础非常重要。

宏观化2：应该努力打好基础。

微观化1：如果基础不牢就无法应用，因此需要打好基础。

微观化2：如果没有提前打好基础就无法应用，因此需要首先打好基础。

步骤二：

微观化1和宏观化1的组合：如果基础不牢就无法应用，因此需要打好基础。

步骤三：

空中楼阁；本末倒置。

2

管理者要放权。

步骤一：

微观化1：管理者可以放权的组织，就是强大的组织。

微观化 2：组织机构运转如常，管理者放权，手下可以自由处理工作的组织，就是强大的组织。

微观化 3：管理者制定了合理的运转机制，管理者无须发出新的指示，员工得到充分自由，积极发挥主观能动性，主动推动公司运转的组织，就是强大的组织。

步骤二：

微观化 1 和微观化 3 的组合：我们的目标是创建体制合理、员工自由、管理者放权的组织。

步骤三：

体制运转良好 = 团队建设 + 团队管理 + 运行良好。

“寻找本质”，一起试试看！

【问题】

Q1：法国大革命的本质是什么？

Q2：经济学的本质是什么？

Q3：IT（信息技术）化的本质是什么？

【回答】

A1：法国大革命

步骤一：

宏观化 1：世界历史的转折点。

宏观化 2：在法国发生，由市民发起的、推翻王权的一次革命。

微观化 1：在法国发生，由被统治阶级市民发起、推翻王权统治阶级的事件。

微观化 2：1789 年在法国发生，王权统治阶级被推翻，由市民主导的政权并被成功建立的事件。

步骤二：

在法国发生，由市民发起的推翻王权、建立市民主导政权、成为世界历史转折点之一的重大事件。

步骤三：

市民主导的政权 = 共和制。

共和制产生，成为世界历史的重大转折。

A2：经济学

步骤一：

宏观化 1：研究经济的学问。

宏观化 2：研究经济活动和经济组织的学问。

微观化 1：研究世界上各类经济活动、经济组织，从学术角度诠释人类行为合理性的学问。

微观化 2：世界上关于金钱、商品、财产的流动，以及它们的生产、消费、分配，分析各种经济活动和经济组织，分析人类行为的合理性，并尝试进行诠释的学问。

步骤二：

关于金钱、商品、财产如何创造，以及分析其如何合理分配的学问。

步骤三：

金钱、商品、财产的流动 = 财富与服务。

创造了多少，消费了多少，怎样分配 = 生产、消费、分配。

研究财富与服务的生产、消费、分配的学问。

A3：IT 化

步骤一：

宏观化 1：通过信息技术提高工作效率。

宏观化 2：通过信息技术减少无效工作。

微观化 1：通过机器、工具、网络设备，减少企业工作的中间环节，从而努力提高生产效率。

微观化 2：使用智能手机、笔记本、应用软件或者人工智能，尽可能减少工作中的中间环节，从而努力实现提高生产效率的目标。

步骤二：

通过充分运用信息技术，企业和企业家减少了工作中的中间环节，从而更高效地开展工作。

步骤三：

努力减少工作环节，提高工作效率 = 生产效率提高。

企业和企业家通过充分运用信息技术提高生产效率。

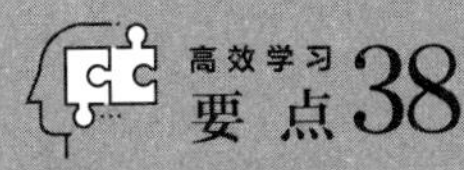

本质内容都有其既定的高度概括。

3. 在具体与抽象的切换中寻找本质

○ 快速发现本质的方法

关于寻找本质，相信大家已经有了一定了解。如果我告诉大家，只需要一种方法，就可以直接略过以上步骤，快速抓住事物的本质，大家会有何感想呢？

可能有人会生气地拒绝："不行不行，之前不是说了不能跳过基础步骤吗？”不要着急，其实这种方法就是一本书，大家都看过这本书，书中揭示的都是事物的本质。东大同学就是通过专心读这本书，从而理解了事物的本质。

大家知道是什么书吗？**就是教科书。**

事实上，我们学过的所有教科书，就是概括出事物本质的重要载体。

• 东大学子对教科书中的内容滚瓜烂熟

或许有人会怀疑“这怎么可能”，但事实上，这正是东大学子之所以成为东大学子的重要原因。

东京大学是一所经常强调考试从不超出教科书知识点的大学。要备考东京大学，就不要去学教科书以外的知识，这一点在 70 年前就已经广为人知。

因此，大家都说必须要对教科书中的内容滚瓜烂熟。参考书自始至终只能是教科书的参考，因此东大学生大多不会购买大量参考书，而是以学习教科书的内容为主。

我曾经 3 次进入东大入学考试的考场，所有考生在考试前都在看教科书。可能是因为反复多次翻阅，教科书都显得破破烂烂的。很多考生在考试前依然会翻开破旧的教科书进行最后的确认。

此外，东大入学考试的常见考题大多是在教科书知识的基础上提问该如何应用这些知识。其实，这就是检验学生是否抓住了教科书中关于事物本质描述的信息。

或许有人会问："我看了教科书，可是还是不明白啊。"对于大家的心情，我感同身受。

我记得，当我看教科书时，看到不懂的地方，就会买本参考书来学习，结果导致我的学习成了以参考书为主的学习，我甚至还会去找知识点到底在教科书上的哪一页。

• 本质的东西是复杂的

我们需要明白很重要的一点：**本质的东西是复杂的**。

比如，教科书中不会出现多余的举例、有趣的表述等。而且，抓住事物的根本进行说明，通常也不会流于表面。因此，我们看到与本质相关的内容时，大多数情况下会感觉理解不了。

相反，参考书中有生动的例子、有趣的说明等，而且还有一些可能出现的考点，读起来很有趣，短期内比较容易出成绩。正因为如此，相比之下，教科书上那些本质的东西就显得更加复杂难懂。

对于这一点，我们回顾一下日常生活就能体会到。

在日常生活中，有很多事情不用考虑，生活也依旧如常。我们不用去探寻眼前发生的事情背后的“原因”，不用去寻找“起点”，无须去理解“目标”，更没必要去探寻其“反面”。然而，如果我们能做到以上几点，看问题会更加深刻。

如此想来，其实日常生活也许就相当于参考书，深刻一点的内容可能就相当于教科书中的知识了。

通俗易懂的自然就是参考书，但是，要**真正解决问题，深刻理解事物，必须熟读教科书。**

• 为什么要学习

那么，我们该怎么学习教科书呢？

当然，我不是否定参考书的作用。本质的东西往往难以理解，而立足于日常生活的非本质的表面信息往往通俗易懂。只有将两者结合起来思考分析，才有助于我们理解事物的本质。

在第 1 部分引子中我们讲到了一个例子，将“经常买的牛奶产地”与“近郊农业”联系在了一起。在第 6 章中，牛顿看到苹果从树上掉下来，成功地提出了“万有引力”。同样，**我们的日常生活和教科书中的内容也存在着某种联系。**

在和学生们交流时，他们曾经问过我一个问题：“为什么要学习？”其实，这个问题还指向一个事实：从古至今，聪明人都是善于持续学习的人。

那么，具体来说，学习究竟有什么作用？为什么学习会让人变得更聪明？

我认为，学习的主要作用就是通过教科书，去理解自己身边的、普通的日常生活。学习本身就是为了了解日常生活而进行的行为。

正因为如此，当我们发现事物的本质时，就需要灵活运用，努力在其与日常生活以及其他事物之间建立联系。

顺便一提，东大入学考试中有很多将日常生活与本质联系起来分析的题目。

- 最近卷帘门商业街持续增加的原因是什么？
- 用卡片游戏、21 点计算一下赢的概率。
- 请分析一下积木的摩擦指数。
- 为什么会有“晚霞晴，朝霞雨”这种说法？

类似这种，**以日常生活为起点，考查学生对事物本质掌握情况的考题是经常出现的。**

学校的课程也是如此。比如，“试从电影《哥斯拉》角度，分析日本文化观念与欧美文化观念的差异”“从涩谷车站构造看体系工程”等，很多课程都是从日常生活的话题切入，然后不断深入，逐步进入事物本质的学习。

我们当然**不能只满足于看透事物的本质，而是需要在看透事物本质的基础上，将其与日常生活联系起来一起分析与思考。**

通过这种方式，我们就能逐步解决问题，持续深入地思考。本书所介绍的思维方法，对于实现这一目标是非常有效的。

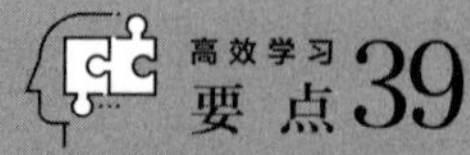

抓住事物的本质，结合日常生活中的现象进行分析。

○ 在日常生活中充分运用本质思维的 4 个步骤

接下来，我们看一看该如何将本质与其他事物联系在一起。

• 步骤一：找到关系到本质的信息

首先寻找关于本质描述的内容。当然，有的书中会明确标明关于本质的描述，建议先从这部分内容入手。

• 步骤二：理解本质——深刻思考

通过调查分析，理解关于本质的描述及相关背景。首先，需要在大脑中消化信息。比如，看到“代数就是用文字符号代

日常辨析能力小训练 No. 27

据报道，自 2010 年以来，前往东京迪士尼乐园的游客持续增加。2011 年达到 2500 万人，2018 年达到 3200 万人。迪士尼门票不仅没有降价，反而还涨了不少，但是游客依然持续增加，这到底是什么原因呢？

替数字”这行字，但是可能对“文字符号是什么”“具体是什么样的文字符号”这些内容并不了解，因此，我们首先需要充分地思考，理解事物的本质。

如果要真正理解，就需要尝试步骤三和步骤四。当然，只做到步骤二就结束，也没有什么问题。

- **步骤三：联系学问——在看教科书和其他书时，尝试寻找与本质关联的要点**

例如，如果是“代数”，那么教科书中必然会出现描述其本质的相关内容。函数也好，二元一次方程也好，道理相同。我们尝试找一找。

- **步骤四：联系生活——调查一下其本质与教科书以外的日常生活或者其他学习领域之间的联系**

代数这门学科，也可以应用于其他学科。例如，中学时学的代数和其他学科有什么联系呢？想一想，或许你就会发现可能与高中的数学有联系，也有一些知识点应用在线性代数或工程学等课程中。

此外，“文字符号表达有什么特征”，计算机语言代码也是一样，或者我们会认为语言本身和代码其实是同一性质。

如果抓住了事物的本质，我们就能够将其应用到其他不同的领域中。

“本质关联”的具体示例：

1

步骤一：代数，就是用文字符号来代替数字。

步骤二：数字 = 数，如 1、2、3……

文字符号 = x、y、z 等不是数字的符号。

步骤三：函数或者二元一次方程就是“用文字符号代替数字”的尝试。

步骤四：计算机语言代码就是用计算机发出指令，有别于日常的代码语言。

2

步骤一：经济学就是研究财富或服务的合理化生产、消费、分配的学问。

日常辨析能力小训练 No. 27

A. 当然有各种不同的理由，但是在这道题中，“2010 年”是一个提示。2010 年到底发生了什么？智能手机普及，许多智能手机游戏开始流行。换言之，智能手机让人们感觉等待的时间不再难熬。因此，虽然迪士尼乐园项目等待时间长，但游客依然持续增加，原因也在于此。

步骤二：财富或服务 = 金钱、商品等。

生产 = 创造财富或服务；

消费 = 使用财富或服务；

分配 = 分配财富或服务。

步骤三：宏观经济学，就是从全局角度，分析国家和政府该如何合理创造、使用、分配财富或服务的学问。

微观经济学，就是从具体局部，分析企业和个人该如何合理创造、使用、分配财富或服务的学问。

3

步骤一：IT 化，就是企业或企业家通过运用信息技术提高生产效率。

步骤二：信息技术 = 网络和智能机等。

提高生产效率 = 减少浪费，提高效率，提供新服务。

步骤三：信息系统工程，就是研究如何创建系统，通过引进 IT 化以提高生产效率的学习领域。

步骤四：IT 化发达的企业生产效率提高，但是与信息技术无缘的工作很难推进 IT 化进程。

一个个打电话，不如发邮件效率高。Excel 表格管理数据更加便捷，现场盖章也没有使用在线许可那么方便。

“本质关联”，一起试试看！

【问题】

“基础非常重要”主要应用于什么情况？

【回答】

学英语时，如果不学单词和语法，就看不懂长句。

学数学时，如果本来计算速度就慢，就没法做应用题。

学国语时，如果缺乏词汇储备，就无法看懂文章。

写文章时，如果不理解文章类型，就写不出文章。

读书时，如果没有掌握正确的读书方法，就读不懂。

玩游戏时，如果模仿高手的玩法，水平就会提高。

体育比赛时，体力比技术细节更加重要。

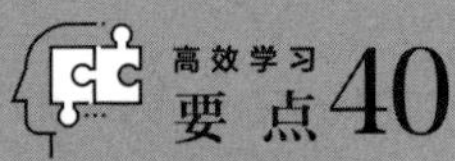

抓住事物本质，就能将其充分运用于学习与日常生活。

第 2 部分

高效学习 · 案例篇

引子 受用终身的高效学习法

1. 在实践中掌握学霸思维

我们在第 1 部分与大家分享了学霸的思维方式，估计大家现在都明白了东大学子是怎样不断在日常生活中汲取知识的。

虽然大家都能理解，但是未必能落实到行动上。毕竟，理解与掌握之间存在着很大差距。

例如，有人教我们“身体姿势要……我们就能游泳了”，但是，如果我们一直只是纸上谈兵，不下水实践，是永远学不会游泳的。我们必须亲自实践，在实践中刻苦练习，不断熟悉水性，才能真正学会游泳。

思维方式也是如此。让我们从现在开始，将东大思维持续运用到日常生活实践中吧。

2. 思维训练随时随地都可进行

或许有人会问："什么时候开展实践才好？"其实，这一点我们在第 1 部分的引子中讨论过，大家还有印象吗？

东大思维，就是提高对日常生活的辨析能力。换言之，我们在日常生活中观察任何事物，需要有意识地持续训练，并逐渐形成习惯。走在街上，看到什么就多想想"为什么"；工作中遇到问题，要多分析"如何处理"。

东大思维训练可以随时随地进行，我们的思维能力也会在实践中不断提高。

当然，没必要一开始就追求完美，因为思维训练贵在**熟能生巧。**

正如前文中学游泳的例子。东大思维，就是认为日常生活中的所有事物都在水里，无论何时何地，所有人都能付诸实践。想象一下，如今我们都在水里，那就尽情地练习游泳吧。

通过实践，我们思维的精确度会提高，对日常生活的辨析能力也会不断增强。因此，在第 2 部分，我们将进一步详细讨论实践，讨论聪明人在什么情况下、通过什么方式，不断将东大思维运用于实践。我们会设想日常生活中的多种常见场景，大家可以边阅读边实践。

案例 1

记忆力强的人，大脑里运行的是原因思维

1. 对业务联络和会议内容过目不忘的人

有的人，只见过一次面，只是一次普通的聊天，他们就能记得清清楚楚。

有的人，几个月前的开会内容，他们都能记得住，而且还能做到不看笔记复述出来。

他们的记忆能力强是大家公认的，他们的记忆力好得实在令人羡慕。

因此，接下来我们做一次尝试，试试怎么才能做到对业务联络和会议内容过目不忘。

【问题】

公司所有员工突然收到社长的一封邮件。邮件内容如下：

A=alternative（代替）：不只是否定他人意见，而是能提出合理的替代方案，帮助解决问题。

B=betterment（改善）：不要随便否定他人意见，而是要进行优化，努力提出改进方案。

C=change（变化）：针对他人意见，分析具体存在的问题，思考如何做出改变。

我们公司每次开会效率都很低，方案迟迟无法执行，工作迟迟无法开展，原因就是大家总是过多关注方案的不足，一直在提反对意见，导致讨论总是很难进一步推进。如果不改变现状，开会就只是低效率重复，对于提升公司业绩完全没有帮助。

因此，在发表反对意见之前，我要求大家严格遵守以上三个原则。

那么，下次开会之前，我们就必须记住A、B、C三个原则。怎样才能记住呢？大家会尝试什么方法呢？

可以口头记录，也可以笔头记录，大家可能会尝试各种各样的方法。而且，大多数人估计都会重点关注 A、B、C 这个部分。至于 A、B、C 以外的内容，可能会觉得不重要，只是扫一遍而已。

但是看了本书后，你能找到记忆的要点吗？下面我们通过原因思维进行分析。

2. 用原因思维实现长期记忆

原因思维包含寻找原因、建立联系。首先，我们从寻找原因开始。

○ 寻找原因

• 步骤一：寻找结果

可以视为结果的就是“A=alternative（代替）”“B=betterment（改善）”“C=change（变化）”这三个原则。

• 步骤二：寻找具体事物

关于这三个原则有很多解释，具体而言，就是三个词——“代替”“改善”“变化”。我们以“A= 代替”为例进行分析。

• **步骤三：设置提问**

此处完全无须死记硬背。我们想一想：**“为什么公司社长要制定这三个原则?”**

虽然社长给员工发这封邮件很突然，但绝不是心血来潮。我们仔细分析一下其中的原因。

• **步骤四：了解背景**

其实，原因已经说得很清楚了。社长认为会议讨论全是在发牢骚，工作迟迟无法取得进展，这一问题必须要解决。

到这里，我们再看“代替”一词。此处标明“代替：不只是否定他人意见，而是能提出合理的替代方案，帮助解决问题”。这就是告诉我们，目前发言只是发表反对意见无法推进工作进展，提示大家要提出可替代的其他方案。

“代替”一词指的是什么样的替代呢？就是会议中提出的方案的替代方案。这样一想，我们就明白“代替”指的是什么了。**因为非常了解原因，所以“代替”一词就可以很容易地被记住了。**

○ 建立联系

那么，“改善”和“变化”又与什么相关呢？我们通过“建立联系”来分析。

- **步骤一：注明标签**

“会议讨论全是发牢骚，工作迟迟无法取得进展”，这就是三个原则推出的起因。这一原因要和后两个原则联系起来思考。

- **步骤二：寻找联系**

B=betterment（改善）：不要随便否定他人意见，而是要进行优化，努力提出改进方案。

C=change（变化）：针对他人意见，分析具体存在的问题，思考如何做出改变。

以上两个原则是怎样和“会议讨论全是发牢骚，工作迟迟无法取得进展”联系起来的呢?

将以上三个原则串联起来的就是“牢骚”一词。讨论时不要发否定对方意见的牢骚，这是三个原则的共识。在此基础上，我们继续建立联系。

- **步骤三：建立联系**

B 和 C 都是不否定对方的意见，并在此基础上进一步探讨。

不直接否定对方的意见，而是在发言时提出有建设性的想法，比如，“我认为这个意见可以在某方面进行优化，某些部分可以修改”等。

如果把 A、B、C 三者统一起来，其实就是要求“提出替代方案而不是发牢骚”“如果不反对，可以在此基础上提出改进或优化方案”。

○ 追溯起点

继续深入分析，我们就会追溯到事情的起点——不要发牢骚。

不要发牢骚，要提出替代方案；不要发牢骚，要提出优化方案；不要发牢骚，要提出改进方案。这三个原则反复提示我们不要发牢骚，要做应该做的事情。

分析到这里，相信大家都不会忘记这三个原则了。即使忘记了这三个原则，只要牢牢记住“不要发牢骚”这一大原则即可。或许有时发言未必能做到严格遵守这三个原则，但也不至于引起上司的不满。

下一步，只需要分析“不要发牢骚，应该怎么做”。此时，我们应该会很快回忆起“代替”“改善”“变化”这三个原则。

大家感受如何？我们**通过寻找原因，记住了复杂的内容，而且不会轻易忘记，即便忘记也能轻松回忆起来。**大家一起尝试一下吧。

案例 2 表达能力强的人，大脑里运行的是起点思维

1. 表达清晰通俗易懂的人

这类人当众发表自己的意见时总是滔滔不绝，讲话时重点突出，内容简明扼要，听众频频点头表示认同。聪明人往往是表达能力强的人。

在第 2 章中，我们谈到发言时不要太啰唆。**聪明人讲话时总是言简意赅，能抓住本质。**

这里我想讨论的发言，并不仅仅指说话，**演讲或者为演讲准备资料也是一种发言。**

我们常常有这样的烦恼：无法总结概括出重点。因此，每次看到别人发言侃侃而谈时，就会感叹这些人是多么聪明。如果听听同年级的东大同学的演讲，就会发现他们发言时表达流畅、重点突出。

东大思维训练能帮助我们成为会演讲、会整合信息的人。我们通过实例具体分析一下。

【问题】

你想给员工传授销售心得，但是，员工却表示听不懂你的工作心得。该如何修改发言内容，才能做到通俗易懂呢？

你的工作心得：

- 总而言之，多去见客户。
- 积极和客户聊天。
- 多站在客户立场。
- 在实际生活中与客户保持行动一致。
- 分析客户在生活与工作中感受到的不足之处。

这些心得看上去都很对，而且感觉还很有意义，但是要点太多，员工无从下手，实在无法提起学习的兴趣。

好好的一份心得，为什么大家的反应却是“一头雾水”呢？

2. 用起点思维表达观点

我想，大家听不懂这份工作心得，可能是因为这份心得只列举了事情的“终点”。

这份心得列出了很多内容，但是没有体现出重点。那么这份工作心得的前两条：多去见客户、积极和客户聊天，这样的行动到底要表达的是什么呢?

追溯到开始，或许都有相同的起点。如果起点是一样的，那么就应该可以做出归纳总结。

如果能找到起点，就能抓住发言的重点。起点思维的两个方法是**寻找起点的过程和概括总结。**我们从寻找起点入手。

○ 寻找起点

• 步骤一：寻找词语定义

工作心得中的“聊天”，自然不会是“今天天气真好啊”这类的寒暄。交谈内容虽然不一定直接与业务相关，但是为了掌握对方的工作情况，业务聊天通常也是非常必要的。

当然，聊天内容也许与工作完全无关，就只是单纯的聊天。所以这里的“聊天”一词存在以上两种解释，这是重点。我们需要认真分析这些词语的基本定义。

• 步骤二：寻找起点

那么，最开始分享这份心得主要是为了什么?

我们再仔细读一读。见面、交谈、为对方考虑，说到底就是建立与客户之间的相互信任。但是，后面的“采取一致行动”“考虑不足之处”两项又有点不同，似乎并不能归类为建立信任关系。

“采取一致行动”“考虑不足之处”体现了什么呢？这两项体现的或许就是“需要”。客户需要什么，我们就要提供什么，这是充分把握客户需求所采取的行动。

如此想来，见面、交流、为对方考虑等，其实就是为了积极地把握客户的需求。因此，这几项心得的一个共同起点就是把握客户的需求。

• 步骤三：寻找过程

把握客户的需求，才是这份工作心得分享的起点。

既然这样，那么分享心得时强调“把握客户需求是重点”，员工应该会有深刻体会。

或许有人早就总结出了这 5 条经验，说不定有人还总结了 5 条以上。

○ 概括总结

这一步，我们开始进入“过程”的说明。**为了简洁明了，我们将 5 点心得做个总结概括。**

- **步骤一：寻找起点**

这一步已经在前面做了说明，起点就是“把握客户的需求”。

- **步骤二：拼接组合**

为了把握客户的需求，我们需要将既有的 5 点心得进行拼接组合。

首先，通过与客户见面、与客户交流来分析客户需求。

其次，通过站在客户立场和采取一致行动，分析客户所感受到的不足之处，从而深入了解客户需求。

这样我们就能做好业务心得的总结。

如此一来，以上 5 点心得进行清楚地区分后可归纳为：**前面 2 点是见面要做的事，后面 3 点则是站在对方立场要做的事。**

- **步骤三：概括总结**

总结归纳如下：

- 与客户见面交流，把握客户需求。
- 站在客户立场，与客户行动保持一致，分析对方真正的需求。

这样归纳总结，简洁明了，一目了然。

通过这种方式寻找起点，发言时就能做到言简意赅、通俗易懂。

案例 3 指示清楚明确的人，大脑里运行的是目标思维

1. 指示内容清楚明确的人

聪明的人往往能发出清楚明确的指示。指示明确、一清二楚的上司，是非常理想的上司。当然，估计也有很多人希望自己能够成为这样的管理者。

但是，向别人发出指示，其实是有难度的事情。有时候无法发出简洁明了的指示，有时候指示的意图没有传达到位，很多人都有过这样的烦恼。

于是，常常出现这样的情况：发出指示的一方发布了原本没打算执行的行动，或者发出指示的一方原本是期待他人协助，可是接受指示的一方却没能理解……沟通交流时容易出现理解上的差异，导致上传下不达的窘境。

- **所谓指示，其实就是传达目标和手段**

指示出现上传下不达的问题，在第3章中有过讨论。原因很简单，**就是目标和手段有一个没有传达到位。**

比如，接到上级指令："今天请各位把办公室打扫整理干净。"那么，我们到底需要打扫整理到什么程度呢？有人认为应该进行大扫除彻底整理，有人则觉得随便整理一下就可以了。

到底哪种行动才是正确的呢？指示的目标不同，做出的判断也不同。

"今天有个电视台来采访，为提升公司形象，我们需要让办公室保持整洁干净。"如果是这个目标，自然是彻底进行清洁整理。

"最近办公室看起来有点乱，大家还是稍微整理一下。"如果是这个目标，我们就不用大张旗鼓地进行大扫除了。

可见，目标不同，作为手段的指示就要相应调整。

当然，与之相反，**即使目标相同，也有可能采取不同的手段。**

比如，"想早点完成这项工作，立刻行动"的指示，有人理解的"立刻"可能是明天，有人理解的"立刻"则是今天。双方如果出现认知差异，就有可能相互指责。一方认为"要求立刻开工，怎么居然花了这么长时间"，而另一方则表示"昨天这个时候就已经立刻开工了"。

重要的是准确传递"目标"和"手段"。在此基础上，请思考以下问题：

【问题】

你是一家牛肉盖浇饭餐厅的店长，你想要打造一个令顾客感觉宾至如归的舒适就餐环境。

最近，你请了一位新员工。你发出指示，要求该员工及时给客人添茶。但是，这名员工并不知道怎么才算是及时添茶，你的指示完全没有发挥作用。

那么，你该如何表达才能让员工按照你的指示完成工作呢？

2. 用目标思维，将目标与手段同时传达

此时，我们需要用到第 3 章中讨论的目标思维。目标思维包括两点：**寻找目标和选择手段**。接下来，我们依次开展实践。

○ 寻找目标

• 步骤一：确定终点

归根结底，为什么要及时给客人添茶？是因为你想打造让顾客感觉舒适的餐厅。为了实现这一目标，你希望员工能在顾客茶杯里的茶快要喝完之前，及时发现并积极给客人添茶。你

发出指示的“终点”，就是打造一个**永远不空杯的餐厅**。

• 步骤二：选择目标

从“永远不空杯的餐厅”这样一个终点反推，其实只需要做到**客人的茶快喝完时，能够及时满上**。

如果客人没有喝茶，就不会空杯。要让茶杯永远不空，只需要及时发现，迅速给客人满上即可。

“客人的茶快喝完时，及时给客人满上”，这个指示就很好理解。

• 步骤三：制定目标，突出目的

“客人的茶快喝完时，及时给客人满上”这个指示，再具体一点，加入数字的话又会如何？比如，“3 分钟左右 1 次，看看客人喝没喝茶，发现快喝完了，立刻满上。”

这样感觉工作很复杂，也很辛苦。

比较合适的指示应该是：“当客人拿茶杯时倾斜度超过 45 度，就要及时前去添茶。”因为拿茶杯时的倾斜度越大，说明杯里的茶水就越少。这种的指示，员工就能很快领会。

○ 选择手段

到这里，关于指示部分的操作基本上就接近完美了。**如果**

还有进一步要求，我们要试一试选择手段。

• 步骤一：确定目标

目的是打造一家在客人快喝完茶时，就能及时添茶，让茶杯永远不空杯的餐厅。

• 步骤二：目标分解

“茶杯不空杯”是重点，需要做好笔记。

• 步骤三：寻找类比

那么，还有与“为顾客服务”“总是保持这样一种服务”类似的例子吗？

我首先想到的就是迪士尼乐园。迪士尼乐园总是非常干净整洁，听说只要看到有游客丢的垃圾，工作人员就会立刻回收处理。**“打造与迪士尼乐园服务水平相当的牛肉盖浇饭餐厅”**这个口号，听起来似乎有点夸张，但是通俗易懂。

还有酒店工作人员，他们只要看到顾客有困难，就会及时主动帮忙。“与酒店工作人员同样服务水平的员工”，这一类比也很简洁。

因此，如果我们这样发出指示：“努力打造与迪士尼乐园服务水平相当的牛肉盖浇饭餐厅！”“当客人拿茶杯时倾斜度超过 45 度，就及时前去添茶！”更便于员工去执行。

案例 4

创新能力强的人，大脑里运行的是逆向思维

1. 创意灵感源源不断的人

大家头脑风暴过吗？头脑风暴目的在于激发大家提出更多创意，也就是说，通过“禁止批判”，不断想出更多创意的会议。

在头脑风暴中，有的人能源源不断地想出出人意料的、非常有趣的创意，也有人和我一样，什么都想不出来，只是一味地保持沉默。

这些创意无穷、灵感不断的人，实在是令人钦佩。

比如，遇到下面这种情况，你会想到什么创意呢？我们试试看。

【问题】

你在某家公司工作。有一天上司下达了一个指示："大家想一想，新冠肺炎疫情带来了什么新商机？什么都可以，大家尽情去想。"

那么，大家会想出多少创意呢？

2. 用逆向思维转换视角，激发无限创意

从多个角度观察事物，就能获得多种多样的创意，这种思维就是**逆向思维**。这方面的内容，我们在第 4 章中已经进行了充分讨论。逆向思维主要包含两个方面：**寻找事物的反面和寻找视角**。我们一起实践一下。

○ 寻找事物的反面

对于上面这个问题，我们可以从什么角度思考呢？先来试试"寻找事物的反面"吧。

• 步骤一：选择肯定或否定

首先，面对新冠肺炎疫情，从积极和消极两个角度分别分

析，立场就会随之发生变化。从经济学的角度而言，大家看到的消极方面较多，因此我们选择**否定的立场**。

- **步骤二：寻找事物的正面**

为什么从经济学角度看新冠肺炎疫情带来的是消极影响呢？很明显，因为新冠肺炎疫情限制了人员外出，人们不能聚会，旅游业、餐饮业、服装业等的商家纷纷倒闭，经济发展停滞不前。**这是事物的正面**。

- **步骤三：寻找事物的反面**

我们再来看事物的反面。

因为限制出行，所以不能聚会，带来的真的只是负面影响吗?

据说，在新冠肺炎疫情期间，全新的生活方式，如网络会议、在线课堂等取得了前所未有的迅速发展。**正因为出行受限，有些行业才有机会发展。**

而且，旅游业、餐饮业、服装业等行业也不得不思考新的商机，**自然也就产生了相关辅助性行业。**例如，餐饮店家开始提供外卖送餐服务、外卖派送的服务支持等。这个特殊时期催生了新的商机。

○ 寻找视角

我想，大家在寻找事物的反面过程中，想出了不少创意吧。接下来，**为了了解反面视角以外的其他角度**，我们进一步寻找视角。

• 步骤一：寻找视角

略一寻找，我们就会发现有“新冠肺炎疫情后”和“新冠肺炎疫情期间”两个角度。“新冠肺炎疫情后”就是新冠病毒的威胁消失后的世界，“新冠肺炎疫情期间”就是新冠病毒的威胁尚未消失，人类与病毒共存的世界。

此外还有激进派和稳健派的对立视角。有人认为，“正因为是特殊时期，所以更应该推陈出新”“全面推行线上办公”；有人则认为目前是与新冠病毒的对抗期，“应该慎重做出判断”“应该关注传统生活方式”等。

此外，工作性质不同，看问题也存在差异。有人感觉自己的工作受到的影响似乎没有传闻中那么大；有人则深切感受到必须认真思考如何面对新冠病毒。不同的职业有着不同的立场。

• 步骤二：选择视角

站在不同的视角，努力去寻找新的创意。因为上司发话

“尽情去想”，所以我们可以畅所欲言。因此，这里省略“步骤三：得出结论”部分。

新冠肺炎疫情带来的积极影响：产生了新的生活方式，所以可以考虑满足新生活方式需求的新商品。

例如，为企业的IT化、线上办公提供技术支持（数字变革），为在线课堂提供所需要的工具和备份类产品服务。

新冠肺炎疫情后：应该思考疫情结束后的事情。由于出行限制全面解除，应该考虑这一时期可能产生大量商机。

例如，庆祝疫情平息的聚餐策划、社交娱乐类产品的推广、推荐给返乡探亲人士的土特产。

疫情期间：应该思考日常生活中如何与新冠病毒共存。

例如，口罩和消毒液的销售、提供给企业的IT技术支持、辅助保持社交距离的产品开发、防止病毒感染的袋装点心开发等。

激进派：特殊时期才需要不断推陈出新。

例如，参与需求日益增长的YouTube事业。面向激进派的产品，应该提供参与支持YouTube事业发展、线上办公的公共设施产品、相关基础建设方面的支援协助服务等。

拥有多元视角，就会获得多元创意。

大家尝试用逆向思维去观察事物的反面吧！

案例 5 解决问题能力强的人，大脑里运行的是本质思维

1. 遇到任何问题都能妥善解决的人

最后，就是解决问题。世界上有各种各样的问题和麻烦。**聪明人的特征之一就是善于妥善解决问题。“交给他就没问题了！”我希望自己也能成为这样的人。**

要成为这样的人，需要运用第 5 章中所讨论的“本质思维”。接下来我们进入具体实践。

【问题】

你在一家咨询服务公司工作，目前在为客户提供一年期的企业管理建议和市场调查等服务。由于工作能力强，你

的手头有很多新客户的订单，但你依然面临一个问题：第二年续约的客户数量非常少。

客户方的反馈是："你们的服务价格不贵，虽然也能提出好的管理方案，但是一年服务足够了""提供了相应的等值服务，不需要再续约"，等等。每位客户态度都差不多，"服务方面还是满意的，就是感觉没必要再续约一年"。

你该怎么做才能成功提高客户续约率呢？

这个问题很难回答。因为客户反馈是：虽然对服务满意，但是一年的服务足够了……这其中到底存在什么样的**本质课题**呢？

2. 用本质思维解决问题，妥善提出终极方案

解决问题需要**本质思维**。本质思维主要包括**寻找本质**和**结合本质**。首先，我们需要寻找本质。

○ 寻找本质

- **步骤一：微观化、宏观化**

续约率低，从微观的角度看是怎样的呢？

首先运用**原因思维**进行分析。续约率低的原因有很多。客户认为"一年服务足够了""提供了相应的等值服务，不需要再续约"，由此可以推测客户的想法是："一年合约提供了差不多的服务，第二年续约就不值了。"

随后就是**目标思维**。如果目标是提高客户续约率，那么在引导客户续签的手段方面可能存在不足。

两种思维综合考虑，就能得出结论：有针对性地制定"第二年续约优惠计划""第二年续约专享咨询服务"等，**有更新的手段就能让客户续约。**

即便只是从微观角度分析，也能想到很多办法。

接下来，让我们从**宏观**的角度来思考，这是怎样一个问题。

从微观视角来看，我们发现问题在于没有专门的有针对性的计划，所以自然只能找到具体的、短期的解决方案。如果从抽象的、更长远的角度看，问题在哪里？

首先要用到起点思维。续约率低只是事情表现的终点。起点问题是什么呢？其中之一就是未能与客户建立相互信任的关系。如果关系好到客户自愿续约当然最好，但是并没发展到这一步，原因在于尚未成功建立信任关系。

其他原因可能只是纯粹服务水平低。如果提供的咨询服务效果非常好，客户肯定会毫不犹豫地选择续约；如果不好，就不会续约。

其次，通过**逆向思维**分析事情的反面。

续约率低，我们认为是一种负面信息。但是，这果真是个问题吗？从正面的角度看，这也许是好事。

虽说一年之后合同就到期了，但是还在持续接新订单。客户对第一年的服务比较满意，就是对我们工作的肯定。“一年服务足够了”，意味着第二年客户可以独立运营，这正说明我们提供的服务确实对客户有帮助。

从这个角度而言，续约率低本身并不是问题，相反，它还提供了一个机会。此时咨询服务公司的宣传重点就是要突出“只需签约一年，即可助力客户实现独立运营”，然后再根据情况制定提高定价等配套方案。

以上想法，总结如下：

①签约一年价格刚合适，第二年续约不值得，续约率低。

②针对第二年续约的服务计划更新不足，续约率低。

③尚未与客户建立相互信任关系，续约率低。

④服务水平低，续约率低。

⑤第二年客户成功实现独立运营，续约率低。

- **步骤二：微观视角与宏观视角相结合**

我们需要将微观视角和宏观视角结合在一起进行分析。我们在第 5 章中谈到，事物的本质就隐藏在微观与宏观之间。我们试着找找看。

在此过程中，我们会看到很多问题浮出水面。比如，①和

④可以联系起来分析。

“签约一年价格刚合适，但是服务水平低，第二年续约不值得，因此续约率低。”这句话体现了续约的难度。

如果花了100日元买水并认为这瓶水值100日元，消费者自然不会有怨言，但以后是否依然会购买同一种水，谁也不能确定。

但是，如果让消费者认为这瓶水值110日元，那么他下次很可能会回购，因为他感觉赚了10日元。

如果只是停留在等值的服务，客户未必会持续购买。**只有为客户提供他们认为超值的服务，他们才会选择持续买单。**

- **步骤三：本质化**

通过分析，我们了解了问题的本质：**因为没有提供超值服务，所以续约率低。**既没有提供超值的服务，又没有与客户建立相互信任的关系，续约率低自然是意料中的事。

○ 结合本质

- **步骤一：理解本质**

“因为不能提供超值服务，所以续约率低”，这句总结信息量很大。

在商务合作中，只有互惠互利才能达到理想状态的双赢。

所谓双赢，在双方的利益分配中，未必只有 5：5 这一种分配方式，可以是 4：6，多让利给对方，也有可能是 7：3，自己这方多获利。这种情况极为普遍。如果 1 小时工资 1000 日元，就只按照 1000 日元的份额工作，这样的人是很少的。有人做的是 1100 日元份额的事，有人做的则是 900 日元份额的事。

正因为如此，商务合作才能持续下去。如果告诉那位干着 1100 日元份额的工作的人，“你工作非常努力，给你多发点工资”，那么，员工得到认可，就会觉得“我要继续努力”。同时，那位干着 900 日元份额的工作的人也因此得到激励，他就会想“我要努力一点”，于是可能就会努力去干 1000 日元份额的工作了。

这个问题也是如此。如果客户感觉自己获益了，大概率会提出“签一年合约感觉赚到了，明年可以再续一年”“服务超值，明年再续约”。

• 步骤二：联系学习

在我们日常学习的知识点中，有没有类似的观点呢？有，就是“51 比 49 法则”。这个法则有许多解释，其中之一是，**卖家和买家交易时，如果多让利一点给买家，商品交易过程会更顺利**。这一点和前文的本质非常相似。

此外，还有一种**报答心理，即当人们得到对方的恩惠时，一定会想要报答**。也就是说，当觉得自己获利较多时，就感觉必须回报。

的确，这一点可以理解为“如果服务超值，赚到了，就想要再续约一年”。

- **步骤三：联系生活**

在我们的日常生活中，是否也存在类似的这种无意识行为呢？我们发现，许多事物都可以用这一法则进行解释。

比如，在超市试吃时，吃完了就老觉得应该买点；生日时收到对方的礼物，就觉得在对方过生日的时候必须回赠礼物。

活学活用，在对方决定是否续约之前，赠送礼物、招待客户或许也是一种有效手段。

抓住事物本质，自然就会想出各种解决方案。

在运用本质思维的实践中，我有了许多新想法。本质思维，除了有助于寻找解决方案，还提供给我们理解、思考、描述事物的好机会。大家一定要将这种思维多运用于实践。

附录

高效学习要点一览

高效学习·要点 1

聪明和愚钝并不是天生的，思维差异才是本质。

高效学习·要点 2

改变思维方式，有助于练就智慧大脑。

高效学习·要点 3

东大思维将不断提高对日常生活的辨析能力。

高效学习·要点 4

东大学子能从日常生活观察到的所有事物中不断获取信息。

高效学习·要点 5

头脑聪明的人未必一定记忆能力强。

高效学习 · 要点 6

记忆力好的人通过转换视角寻找联系来协助记忆。

高效学习 · 要点 7

整理信息的记忆方法，远比记忆总量更重要。

高效学习 · 要点 8

通过分析原因巧妙记忆，避免死记硬背。

高效学习 · 要点 9

从具体关键词入手分析原因，再逐步进行抽象概括。

高效学习 · 要点 10

在不同事物之间建立联系，从而减少记忆任务总量。

高效学习 · 要点 11

仔细观察日常生活中的点点滴滴，建立信息间的相互联系。

高效学习 · 要点 12

概括能力就是寻找“一个中心思想”的能力。

高效学习 · 要点 13

尝试搜寻所有事件发生的背景。

高效学习 · 要点 14

通过寻找“起点”，能够对所有事物进行概括。

高效学习 · 要点 15

从最初开始了解过程，到最后掌握事物的总体框架。

高效学习 · 要点 16

将当前事物的“终点”与“起点”联系起来概括总结，通俗易懂。

高效学习 · 要点 17

总结时省略具体事例和数字，只保留抽象的本质核心内容。

高效学习 · 要点 18

会说话的人表达能力强。

高效学习 · 要点 19

只有结合对方已知的信息进行说明，才能实现有效沟通。

高效学习·要点 20

举例时选择对方已知领域的进行说明，有助于实现高效沟通。

高效学习·要点 21

不能只局限于手段，应该重点关注目标。

高效学习·要点 22

通过确定标题来指导发言内容，有助于听众理解。

高效学习·要点 23

确定目标时要尽可能量化，有助于将目标落实到行动上。

高效学习·要点 24

表达观点时思维逻辑跳跃，会导致沟通障碍。

高效学习·要点 25

在确定具体目标的基础上，整理记录日常生活中的好例子。

高效学习·要点 26

闻一知十，就是多立场、多角度观察事物的能力。

高效学习 · 要点 27

创意思维能力强的人 = 多方位着眼点观察事物的人。

高效学习 · 要点 28

赞成还是反对，经济的还是伦理的……从辩证的角度观察事物。

高效学习 · 要点 29

尝试否定已认定为正确的意见，肯定已认定为错误的意见，从逆向思维角度观察。

高效学习 · 要点 30

先明确自己的立场，再尝试否定自己的立场。

高效学习 · 要点 31

从完全对立的两种视角观察事物的思维训练距今已有 3000 年历史。

高效学习 · 要点 32

寻找多元化视角，激发新创意的不断产生。

高效学习 · 要点 33

在大脑中持续与自己辩论，充分进行意见的讨论。

高效学习 · 要点 34

东大学子常常能在不经意的场景中找到线索。

高效学习 · 要点 35

微观与宏观相结合的观察视角至关重要。

高效学习 · 要点 36

做到宏观视角与微观视角切换，有助于提高解决问题的能力。

高效学习 · 要点 37

任何事物都有其本质，本质总是隐藏在微观与宏观之间。

高效学习 · 要点 38

本质内容都有其既定的高度概括。

高效学习 · 要点 39

抓住事物的本质，结合日常生活中的现象进行分析。

高效学习 · 要点 40

抓住事物的本质，就能将其充分运用于学习与日常生活。

结语

感谢你耐心的阅读。

这本书的主要内容都是围绕着聪明人的思维，大家觉得如何？书中所提到的方法，基本上都可以运用于实践。整本书一直强调一个观点，就是“对日常生活的辨析能力”。

转变思维习惯，就能从日常生活中学到很多东西。这，或许才是学习的本质。

一直以来，我们都认为坐在书桌前看书、看课本、听老师讲课或聆听上司讲话，才算是学习。但是，正如本书所介绍的，其实我们可以从日常生活中学习到很多东西。

“school”一词的意思是“学校”，据说这个词来自古希腊语“schole”，指的是“学习或接触艺术的闲暇时间”。由此可见，“学习”一词原本就是“闲暇时间的快乐”。

人类因为快乐，所以学习，学习时间就是休闲时间。

而且，学习这一行为并不是被动地接收信息，而是带着好奇心，**观察世间万物，不断提出问题，通过寻找起点、分析目的、逆向思维等方式，去理解事物本质的一种主动行为。**

“听课”，英文中的表达是“take class”。“take”就是“获取”的意思，也就是说上课的前提是听课一方具有主动性。

学习本来就是一种主动行为。这几年，主动学习（active learning）一词十分流行。一位多年的教授好友对我说：“本来学习就是‘主动’的，还单独加上一个‘active’做形容词，实在是十分可笑。”

学习，就是主动观察日常生活、分析思考事物，并在其中享受快乐的行为。正因为主动思考很快乐，所以人们才花时间学习。

其实，写本书的初衷就是想与大家分享**学习的乐趣**。在日常生活中不断学习，我们就能从不同视角看到不同的世界，就能更深刻地理解我们身边的万事万物。

全书分享给大家的都是“**学习 = 生活**”的乐趣。如果书中的一些方法能够指导你实践，让你看到日常生活中的精彩，让你的知识更丰富，将是我最大的荣幸。

再次衷心感谢你的耐心阅读。期待与你再会！

西冈一诚